# A Invenção do Projeto

**Blucher**

# Gildo A. Montenegro

Arquiteto. Professor do Curso de
Arquitetura da Universidade
Federal de Pernambuco

# A Invenção do Projeto

A criatividade aplicada em Desenho Industrial, Arquitetura,
Comunicação Visual

*A invenção do projeto*
© 1987 Gildo A. Montenegro
1ª edição – 1987
10ª reimpressão – 2016
Editora Edgard Blücher Ltda.

# Blucher

Rua Pedroso Alvarenga, 1245, 4º andar
04531-934 – São Paulo – SP – Brasil
Tel.: 55 11 3078-5366
**contato@blucher.com.br**
**www.blucher.com.br**

FICHA CATALOGRÁFICA

Montenegro, Gildo A.
    A invenção do projeto: a criatividade
aplicada em desenho industrial, arquitetura,
comunicação visual / Gildo A. Montenegro –
São Paulo: Blucher, 1987.

    Bibliografia.
    ISBN 978-85-212-0007-9

    1. Arquitetura 2. Comunicação visual
3. Criatividade 4. Desenho industrial
5. Engenharia – Projetos I. Título.

04-1281                              CDD-701.15

Índices para catálogo sistemático:
1. Criatividade: Artes   701.15
2. Pedagogia da criatividade: Artes   701.15

# Índice

Algumas pessoas pretendem compreender um livro olhando o índice. É como o viajante que quizesse descrever um palácio do qual não vira mais do que o sanitário.

Jonathan Swift

# Criatividade: Filosofia ou Panacéia?

Com relação à Criatividade duas posições podem ser assumidas:

1 - Tratar o assunto em nível de alta filosofia, com termos eruditos e conceitos profundos cuja complexidade somente pode ser dominada por raros especialistas.

2 - Tratar o assunto em nível de utilização livre de técnicas sem saber como, onde e nem porque; através de erros e de enganos se chegaria ao charlatanismo.

Adotamos um meio termo entre estas posições extremas de modo que a apresentação de algumas técnicas de pensamento é seguida de exercícios e de exemplos e, para não alongar a obra, apenas alguns conceitos elementares da Pedagogia da Criatividade são referidos.

O livro mostra e demonstra que a invenção é uma alegria e uma festa! Que o leitor pode ter acesso à sua imaginação pois ela não é privilégio de uns poucos. Que o leitor vai revelar a enorme riqueza inventiva de seu cérebro. Que exercícios simples permitirão que o leitor viaje ao mundo maravilhoso da imaginação. Sem química, sem passaporte, sem limite. Rompendo barreiras de rotinas e de preconceitos o leitor poderá desenvolver sua capacidade de inventar soluções, estimulando sua criatividade.

> • **Nunca devemos deixar que uma tentação passe por nós sem tirarmos partido dela. Pode acontecer que ela não volte mais.**
> **G. B. Shaw**

O Autor preferiu, por sua experiência e por ser Arquiteto, apresentar o assunto com exemplos e aplicações das Artes Plásticas. Entretanto o leitor cuidadoso poderá generalizar os conceitos pois a Criatividade não é privativa das Artes; ao contrário, ela se alonga até a Ciência e pode ser aplicada aos pequenos e grandes problemas da vida diária.

A Pedra
Quero ser a pedra.
Não a pedra no caminho de Drummond, mas aquela outra com que David derrubou o gigante Golias. Esta linguagem metafórica traduz as esperanças minhas e de muitos, de que seja modificado o ensino. Começando pelo Desenho, a linguagem gráfica universal. Precisamos aprender a pensar. Saber que pensamento não é apenas lógica. Nem memória, exclusivamente. É tudo isto e mais, muito mais, intuição.
A intuição dos grandes artistas, a sua maneira de trabalhar com a imaginação, deve ser mostrada, se não já ao grande público, pelo menos aos desenhistas, aos artistas, aos projetistas do Desenho Industrial, da Arquitetura, da Comunicação Visual, do Marketing, da Publicidade.

Na política, nos negócios, nas Artes, nas Ciências todos esperam pela apresentação de soluções criativas. Mas como desenvolver a Criatividade? Isto é coisa que muito pouca gente diz. E, afinal, o que é Criatividade? (As respostas estão aqui no livro!).

Tenho visto o ensino do Desenho, da Geometria, da Matemática e do Projeto em Artes Plásticas feito em compartimentos estanques. O Desenho Artístico pretende ser pura Arte, o Desenho Geométrico pode limitar-se a traçados mecânicos, a Matemática é a lógica total, o Projeto ora se faz aleatoriamente, ora pretende seguir uma metodologia lógica e seqüencial.

---

• **É mais fácil abafar uma idéia do que criar uma nova.**
**A. Osborn**

---

A Criatividade, tanto na área artística como na científica, pode e deve ser o elo de ligação entre estas disciplinas, que muitas vezes tomam rótulos diversos. Bem mais do que uma ligação, a Criatividade é o tempero para dar o sabor da criação pessoal em aulas menos rotineiras. Sob a orientação de professores imaginativos a Criatividade é capaz de levar o aluno a extravasar todo o seu potencial, geralmente encoberto sob camadas da tradição em aulas expositivas, passivas, áridas e que muito pouco acrescentam em termos de desenvolvimento pessoal.

Não tenho o sonho de ser o David que vai derrotar o gigante da Rotina. Mas quero ser a pedra (eu ou este livro) que os Davis da vida, professores e alunos, arremessarão contra o sistema rotineiro de ensino. Talvez o próprio sistema social.

A situação do país lembra a do adolescente que descobre, um dia, ter de tomar uma atitude, definir-se por um caminho. Seguir o sistema rotineiro, a tradição, é o mais fácil, cômodo e seguro. Mas, seguramente, não é o melhor. O melhor é avaliar o que se fez e inventar, criar, praticar outras saídas, novos caminhos. Corre-se o risco de errar, é claro. Mas o que aí está, claramente, não é o certo, nem o correto. Não será preferível consertar, experimentar, tentar, tatear, seguir novos caminhos? A submissão ou independência depende do que fizermos agora, imediatamente.

Os políticos parecem ter há bastante tempo, esgotado suas propostas e, de qualquer forma, sua constrangedora falta de ética torna-os suspeitos. Chegou a hora do simples cidadão assumir a direção no sentido do bom senso. Que, todo mundo sabe, não tem nada de complicado.

Este livro não é fundamental, mas é a minha pedra para construir uma escola melhor, o novo edifício social de uma nação jovial, justa, já. Estão convidados os projetistas e os pedreiros para a ação. E contem todos com o trabalho do operário do lápis.

Gildo A. Montenegro

• A única atividade mental que muitas pessoas fazem é adivinhar as conclusões. Mas isto não é pensar. Pensar criadoramente é um exercício e um passatempo e resolve problemas.
A. Osborn

# 1. *Viver a Vida*

Alegria, Alegria!

Alegria é a transformação que vem de dentro.

Areja o ambiente e as mentes. Dá um novo colorido.

Afasta a tristeza. Traz harmonia.

Mas é preciso começar. Planejar com excesso de detalhes, fazer reuniões, anotar intenções pode ser o projeto do amanhã. O que nunca sai do sonho.

Perguntado por quê um dos lutadores havia sido derrotado o pajé dos índios do Xingú respondeu: "Ele pensa muito... demora... perde".

Não vamos cair no extremo oposto de saltar no escuro. Pode haver lá em baixo uma plantação de cactus!

Vejo sua vontade de prosseguir, de começar a agir.

Comece avaliando sua força, sua potencialidade.

Isto você tem; ou não teria chegado aqui. Agora veja aonde você quer chegar.

Não tenha medo de se expor aos riscos. Roosevelt, um dos presidentes dos Estados Unidos, era um homem franco e disse:

"Escolha um caminho e vá. Se falhar admita o fato com franqueza e simplicidade. Experimente outra ação". O importante é tentar alguma coisa, *não ficar parado*.

Assuma o compromisso de começar.

Assuma-se agora.

# O Desafio

Vivemos no mundo da velocidade, no ritmo da pressa, na confusão das informações. Fica difícil sobreviver como pessoa; falta tempo, espaço, refúgio, amparo, paz.

Como respirar, descansar, recuperar as forças neste mundo que corre adoidado?

Não pode haver paz e harmonia no mundo poluído por confusão e ruídos. Então, desligue-se dele. Crie sua zona de silêncio, seu espaço de lazer, seu tempo de sentir, seu horário de viver.

Crie o seu mundo.

Organize seus sentimentos e suas necessidades.

Não é fácil, eu sei. Tudo que é fácil já foi feito. Você terá pela frente o difícil. Seja como o detetive da história que dizia: "O difícil nós fazemos logo. O impossível demora um pouco mais".

Espante a tristeza. Cante. A velhice chega quando você deixa de sorrir. Ria das situações; de si, também. O riso não é melhor por último; é bem melhor quando solidário.

Veja na rua, no ônibus, em todos os cantos: todos têm pressa, medo, insegurança.

Falta a descontração.

Você precisa sair da correria, dos compromissos excessivos, das tarefas que não acabam, dos carnês do futuro, dos problemas que vão surgindo, dos apelos da propaganda. Você precisa deixar de ser automatizado, robô da rotina.

É preciso parar, pensar, estudar, refletir, concentrar-se. Fugir da esta-
fa, do "stress", da irritação, da agressividade, do mau humor.
Precisamos de crítica construtiva,
de paciência,
de cordialidade.
E solidariedade.

# A Profissão

Você já ouviu falar do sujeito que não trabalha porque tem um emprego. São poucos. A grande maioria precisa trabalhar. Há os que trabalham demais e os que trabalham em coisas de que não gostam. Daí vem
o trabalho sem dedicação nem entusiasmo, o cansaço, a depressão, a
doença.

Muita gente com problemas de coluna, dores de cabeça, ligadas ao fu-
mo e às bebidas, ou com doenças tem apenas um trabalho que não
aprecia.

Uma boa parte de sua vida vai ser dedica-
da ao trabalho. Escolha, pois, o tipo de trabalho de que gosta para evitar o tremendo
castigo de passar 30 anos, ou mais, fazendo
aquilo que lhe desagrada.

Não desperdice seu tempo, sua vida. Você dispõe de 25.000 dias. Um terço você passa dormindo, o outro trabalhando. Restam 8.400 dias, já reduzidos para 6.000 se você tem 20 anos (3.600 aos 40 anos). Desconte daí o tempo gasto em transportes, refeições, filas. Vai lhe sobrar pouco tempo. Aproveite-o para coisas boas.

Deixe-me contar uma história, talvez uma fábula.

Era uma vez um homem que tinha um filho. Um dia ele deu ao filho um computador. Daqueles potentes, capazes de mil jogos, de resolver as equações mais complexas. O filho vibrou e passou a computar tudo, o tempo todo. Até que um dia disse:

— Pai, eu queria outro computador. Esse aí está superado. Eu já fiz tudo o que ele podia.

— Meu filho, agora use o seu computador velho.

— Que velho?!

— O velho que tem 100 mil anos e está dentro de sua cabeça!

Tinha razão o pai. Temos um cérebro com uma capacidade espantosa e dela usamos, dizem, 10%. Talvez menos, pois ignoramos seus limites.

O objetivo deste livro é desvendar uma parte desta capacidade e mostrar como você pode desenvolvê-la.

## Assuma o comando de seu cérebro, de sua vida.

É preciso dosar, distribuir o tempo entre o trabalho e o lazer, entre o trabalho e o viver, fruir, ver fluir o tempo, usufruir, contemplar, refletir.

Isto espanta para longe o cansaço, a rotina, o pessimismo. Cuidado! Não vá cair no lazer programado. A televisão, o carro, a praia, a viagem, a bebida, o esporte pode ter a *aparência* do lazer e não trazer o *alívio*, o descanso, a descontração. Há coisas que enchem o tempo sem acrescentar nada. Não se deixe iludir!

# O QUE VOCÊ QUER?

Defina seu objetivo em poucas palavras. O que realmente você quer deve caber em uma linha, no máximo.

E dedique-se a ele com o máximo de esforço.

Grave no subconsciente seu objetivo; a maneira de chegar lá em vem depois.

Mas nada de objetivo como "ganhar muito dinheiro com tal negócio". Aí você vai fazer o que não gosta e sentir-se infeliz. Em qualquer negócio ou profissão pode-se ganhar dinheiro, ter futuro e sucesso. O trabalho nunca deve ser um castigo. Ao contrário, deve ser interessante, atraí-lo. O dinheiro é *conseqüência* do trabalho, não é o objetivo primeiro!

- Por que você acordou hoje?
- Ora, preciso trabalhar.
- Por que trabalhar?
- Para comprar comida.
- Para que comer?
- Para ficar vivo.
- Para que viver?
- Para trabalhar.

É um círculo vicioso. Mas é assim a vida de muita gente. Vive para trabalhar naquilo que não gosta. Na verdade, não vive: sobrevive. Vegeta. E procura a ilusão de uma alegria quando toma dose. Com a ressaca tudo fica pior do que antes.

Este tipo de pessoa
não tem objetivos,
não chega a parte alguma,
ganha pouco
e aproveita menos.

Esqueça-os. Procure um líder naquilo que você gosta de fazer, uma pessoa de gabarito. Aprenda com ele. Até onde puder. Depois, siga sozinho seu próprio caminho.

Confucio dizia que "o homem é aquilo que ele pensa que é".

Pense.     Pense     alto.

Nunca permita que pensem por você.
Saia da prisão da vida bitolada, das coisas prontas.
Não entre na correria do mundo.
Não se importe com o que os outros dizem às suas costas. Dizem ou pensam? Você se surpreenderia se soubesse que, em geral, nem pensam; quando muito, dizem sem pensar. Depois,
"os inteligentes comentam idéias.
Os ignorantes comentam a vida dos outros".
Pense e faça. Não se precipite. Toda caminhada é feita de passos; tem o primeiro, depois segue passo a passo. E vai longe.

---

• **Ninguém pode evitar os contratempos mas não é necessário dar-lhes cadeiras para que sentem.**
**Provérbio**

---

# 2. *O Sucesso Pessoal e Profissional*

O que é sucesso? Para muitos é ter dinheiro, para outros é ser conhecido, comentado, procurado. Outros pensam em uma vida de festas, faustos, recepções, viagens. Cada pessoa tem sua idéia sobre o sucesso. Isto talvez queira dizer que o sucesso é uma opinião, um ponto de vista.

O que provoca o sucesso?

Aqui também há muitas opiniões. A maioria liga o sucesso ao destino, sorte, boa estrela, oportunidade. Outros falam de ambição, formação, parentes, amizades. Quase todos esquecem o trabalho e a dedicação do sujeito que começa de baixo e chega lá em cima.

Mas isto não é tudo. Quantos trabalharam a vida inteira de sol a sol e não progrediram? Deve haver alguma razão por trás do sucesso ou antes dele.

Esta coisa existe e não está nos astros. Está ao seu alcance. Bem junto de você. Dentro de você, para ser mais exato. É o seu cérebro!

Ele tem poderes que você não conhece e não usa. "Não pode ser! Isso é simples demais! "Ora, é exatamente a simplicidade o que caracteriza as grandes idéias. Veja o fecho eclair (zipper) que substitui uma série de botões. A lâmpada incandescente, que acende a um simples toque e substitui a lamparina de chama trêmula e fumacenta. A tesoura: duas facas com um parafuso e mil usos. (Imagine cortar uma roupa à faca!) De fato, complicar é fácil; difícil é simplificar as coisas.

Como eu estava dizendo, o cérebro tem poderes que todos usamos muito pouco. Especialmente o poder de pensar. E o de controlar, de dirigir o pensamento.

Isto é fundamental. Você precisa acreditar em si mesmo. Acreditar que você mesmo pode planejar, programar e controlar sua mente. Portanto, sua vida.

Acreditar é ter fé. Tenha fé nos astros, em Deus, nos amigos, em pé de coelho, em amuleto, em magia negra, branca, de todas as cores, mas, também, em si mesmo. Não falo daquela crença suave, superficial, de que pode ser que agora... talvez... quem sabe...

Falo, sim, da fé profunda, total, inabalável, constante, que existe nas pessoas que possuem um objetivo, um ideal. E o sustentam sejam quais forem as circunstâncias. É a fé que remove obstáculos e montanhas. Embora, no 2? caso, seja mais prático usar máquinas e explosivos. Você não vai precisar remover montanhas. Apenas abrir seu próprio caminho para o sucesso. Em qualquer livro de psicologia aplicada ou biografia de homem (ou mulher!) bem sucedido você encontra receitas. A experiência, o senso comum e a necessidade de engrossar este livro com mais algumas páginas me levam a mostrar pontos comuns nessas receitas.

---

• **Um erro dos adultos é a tendência para apenas pensar nos resultados, em vez de gozar o processo pelo qual chegamos a ele.**

**Anônimo**

---

## SEJA VOCÊ

Pode haver uma pessoa "parecida" com você mas não será IGUAL a você. Isto nunca aconteceu.

Descubra o que você possui de especial, de bom. Uma atenção cativante, um sorriso diferente, a maneira de falar, qualquer coisa tipicamente SUA, própria, individual. Nada de copiar. O que é bom para fulano pode não servir para você.

Você é diferente. Faça o que é melhor para você, o que é mais adequado ao seu tipo, ao seu negócio. Crie seu próprio método, evidentemente conhecendo e adaptando a experiência dos outros.

Veja uma dessas insípidas vilas populares. Centenas de casas iguais, ruas iguais (sem árvores), os mesmos programas de televisão, todo mundo deprimido e conformado. É triste, horrível.

Você pode entrar nesta sociedade do consumismo, do tudo pronto e bitolado. É só apertar um botão e engolir. Fazem por você. **Pensam por você.** Você pretende ser um robô, um autômato ou um indivíduo especial, único, diferente de todo o resto do mundo? A decisão é sua!

## ERRAR É CERTO

Não tenha medo de errar. Errar é humano. Se isto lhe acontecer, aceite o fato. Thomas Edison fez 10.000 tentativas antes de acertar a fazer a 1ª lâmpada incandescente. E disse: "Não foram fracassos. Simplesmente descobri 9.999 coisas que não funcionavam".

Há males que vêm para o bem, diz a sabedoria. Perdeu o emprego? Perdeu o ano na escola? Tirou o 2.º lugar? Veja como você interpreta as coisas. Capitalizar os bens todo mundo sabe; importante é se enriquecer com as perdas. Isto é, usá-las para obter vantagens que você não possuia antes. Portanto...

... pior do que errar é nada fazer para corrigir.

Um poeta e matemáico norueguês, Piet Hein, passou anos preso pelos nazistas e criou na prisão uns poemas curtos, que ele chama de "grooks", que lembram os "hai-kais" japoneses. Um deles diz:

"A melhor maneira de aprender
É errar, errar, errar.
Mas sempre menos, sempre menos".

A falha, ou erro, e o sucesso são produtos da ação. Eles fazem parte do jogo da vida. Desde que você aceite isto, as coisas se tornam mais simples. Inaceitável é viver em busca da segurança total, uma coisa que não existe em lugar algum. Observe, ainda, que é deprimente e inútil ficar remoendo quanto você errou. O ponto positivo do erro é que ele pode fazer você corrigir seu rumo; é um sinal de alerta, como a dor. Uma coisa que está funcionando bem passa despercebida. O erro não é apenas um alerta; ele mostra aquilo que não funciona ou não serve: é um ensinamento. Mas nada de pensar em notas, como a avaliação do sistema escolar. Apenas corrija, tente de outra maneira, faça a coisa diferente. "Começar é metade de ação", disse Horácio. Claro que você deve sempre fazer bem feito, o melhor que estiver ao seu alcance.

## DINHEIRO

É o que move o mundo. Pode ser exagero, mas o dinheiro é importante em nossa sociedade. E nós estamos nela. Muita gente acha que dinheiro resolve *todos* os problemas. Não é assim. Veja: $1^\circ$ - O dinheiro não faz ter amigos. O rico vive cercado de pessoas; gente amiga do dinheiro dele e daquilo que o dinheiro traz: bens, comida, bebida, viagens, etc. $2^\circ$ - O dinheiro não compra a saúde. Paga as consultas mais caras, os tratamentos mais complicados, os remédios mais raros. Mas a vida sem saúde não é boa coisa. $3^\circ$ - O dinheiro não compra a educação. Ele pode pagar cursos, professores e diplomas, mas não é isto que faz a pessoa ser educada. O doutor pela melhor universidade pode ser um sujeito grosseiro, sem caráter, mesquinho.

Devagar! Não estou propondo a vida primitiva, que é desconfortável, nem que se bote fora o que temos. Digo que é preciso colocar o dinheiro em sua posição correta: saber usá-lo e *não ser escravo dele*. Se você acredita que o dinheiro é a solução de seu problema trate de ganhá-lo. Não saia por aí criticando a ordem social ou você acaba apenas ficando chato. Veja o que você gostaria de fazer para ser rico ou apenas para viver folgado. Deixe de lado o problema moral daqueles que têm muito pouco. Se o seu caso é este, você poderá, quando ficar rico, ajudá-los muito mais do que compartilhando a vida deles. O dinheiro ganho honestamente nunca é mau. E lhe dará a liberdade para resolver outros problemas.

Agora releia as páginas 15 e 17 e lembre-se de que o trabalho não deve ser um castigo. Trabalhe naquilo que você gosta de fazer.

## SER RICO

Quem ganha 100 e gasta 98 é uma pessoa tranqüila. Aquele que ganha 100 e gasta 102 vive angustiado, com medo, e isto acaba se refletindo no corpo e na saúde.

Veja quantos governantes acumularam fortunas e um dia foram expulsos do país, vagando de um continente a outro. E acabaram gastando uma nota em tratamento de uma doença incurável. De que serviu a fortuna? Onde estavam seus "amigos"?

Fortuna alguma se compara a uma vida de tranqüilidade, de alegria, de despreocupação.

Torno a dizer: a não ser para pessoas muito especiais o dinheiro é necessário. Então como consegui-lo? Indo atrás dele. Quem procura petróleo não cava um buraco na rua onde mora. Talvez existam vários, que a prefeitura não tapou. O sujeito iria para um lugar onde houvesse possibilidade e instalaria um poço. Para procurar dinheiro você terá de ir aonde ele está.

Ele não está nas favelas e nem, provavelmente, no meio onde você vive. O dinheiro está nos bairros das grandes mansões ou condomínios fechados, dos carros do ano, de dirigentes de grandes empresas. Você terá de pensar como eles, viver como eles, sentir-se à vontade no meio deles, participar dos mesmos interesses.

Não dá mesmo? Tranqüilize-se, então. Se não aprecia este ambiente, provavelmente você não vai ganhar tanto quanto eles. Não importa; o mais importante é você viver como quer. Muita gente quer ser rica e esquece a riqueza do espírito, dos amigos, da família.

## O PENSAMENTO FAZ

Confucio comparou o homem a um carro de bois; aonde o boi vai, o carro vai atrás. O carro é o corpo e os bois são o pensamento.

Somos o que pensamos ser. E os outros são aquilo que nós pensamos. Se você acha que o presidente é um homem honesto e sensato, certamente ele é. Se o seu vizinho acha o contrário, assim será. São pontos de vistas, opiniões pessoais, escolhas de cada um.

O advogado encontra mil atenuantes e consegue libertar o criminoso que cometeu um crime bárbaro. Como cidadão ele pode achar que o criminoso deveria ser fuzilado na hora; como profissional ele defende o criminoso. Felizmente não temos estes dilemas (Como diabo funciona a consciência nestes casos?) mas o que eu quero dizer é que podemos provar, praticamente, qualquer coisa. E o lado oposto dela, também.

Escolha, então, o que você deseja e consiga resultado que quiser. Você faz a opção; o pensamento faz o resto.

— Pense que está bem e sinta-se realmente bem. E alegre. Nunca pense que está cansado, que hoje foi um dia horrível, que tem trabalhado demais. Pense em uma coisa boa e sinta-se ótimo. Transmita sua boa disposição aos outros.

— Pense que é feliz e sinta-se feliz.

Há mil motivos para ser feliz. Porque tem filhos, ou emprego, ou estuda, ou tem saúde, ou porque está vivo, ou porque amanhã é outro dia.

Viva o hoje. Não espere a felicidade amanhã... quando terminar este trabalho, resolver este problema, for promovido, quando deixar de estudar. Seja feliz hoje, agora.

Com pequenas coisas.

## SUCESSO

Qual é a loja de mais movimento na sua cidade? Por que tanta gente vai lá? Certamente é porque muitas pessoas vão para lá. Se muita gente vai, outros vão.

Isto acontece também com as pessoas. As bem sucedidas são as mais procuradas. O sucesso atrai o sucesso.

Os médicos ocupados são os mais procurados. Nos restaurantes cheios as pessoas fazem fila. Tenha um ar de ocupado, de prosperidade, de já ter a coisa que você deseja (seja o que for) e ela aumentará.

Há muito fala-se em crise, depressão, assaltos, país à beira do abismo, guerra atômica, fim do mundo. É fácil ser pessimista, desanimado e pobre. Pense diferente: imagine que as coisas estão melhorando para você, seja otimista, pense em prosperidade, mesmo fora dos cartões de Ano Novo.

"Procura e encontrarás"

É da Bíblia mas serve para tudo. Se você achar que o mundo é cão, assim será. Se você achar que o tempo está ruim, assim será. Mas se você pensar em coisas boas você vai encontrá-las. Bons amigos, diversão, dinheiro, o trabalho que você gosta, oportuniddes. É como procurar numa estante enorme um livro grosso, de capa verde. Você não verá os outros, só o de capa verde. E achará.

## DESCULPAS

Na 2ª Guerra Mundial os japoneses treinaram pilotos para suicídar-se lançando seu avião com explosivos contra um navio. Depois de lançado, o avião não podia aterrisar(render-se) nem voltar -a base, pois explodiria. Eles fizeram grandes estragos na marinha americana. Não vamos analisar o lado moral da história. Ela serve para lembrar que a possibilidde de êxito é bem maior quando não há chance de escapar.

Na vida real, conscientemente ou não, a gente usa *fugas psicológicas*! Na hora da encrenca culpamos o destino, o azar ou os outros. É muito fácil. Podemos achar uma ou duzentas desculpas. Difícil é reconhecer a realidade, dizer a verdade, aceitar a sua RESPONSABILIDADE.

O aluno vai mal no colégio? Provavelmente a culpa não é do professor. O convidado não foi à sua festa? Provavelmente tinha com quem deixar as crianças e não estava esperando visitas; apenas não teve interesse em ir. Seu aumento na empresa não saiu? A firma não está satisfeita a ponto de dar o aumento e a culpa é sua. O motorista foi multado? A culpa não é do guarda.

ASSUMA-SE! Se suas coisas não dão certo você é que não fez direito. Conversa fiada não resolve. Seja o dono do seu destino e condutor de sua vida. Feche as fugas e faça o máximo, o melhor que puder.

## UMA PEQUENA DIFERENÇA

No teatro você pode ver um ator local ganhando 10 mil. Mas você sabe que o ator da novela da televisão ganha 10 milhões. Este será 1.000 vezes melhor? Claro que não. Pode ser 1%, no máximo 10% melhor. Pois é isto que faz a diferença.

O campeão vence por segundos de diferença. O vencedor é 1% melhor ou mais rápido. Mas ganha 100 ou 1.000 vezes mais. Portanto, você não precisa ser 100 vezes melhor para ganhar 10 vezes mais. Se você se dedicar 10% a mais seu salário pode duplicar ou triplicar.

Estudando 10% a mais você aumenta sua nota de 7 para 10.

No começo as pessoas se esforçam para atingir a média geral. Aí param! Com um pouco mais de esforços elas ultrapassariam a média. O que falta?

Usar o cérebro, apenas. Expor-se a situação diferentes para ser obrigado a resolver novos problemas, a pensar. Ninguém aprende a nadar olhando os outros e lendo um livro; é preciso treinar. Treine a sua cabeça, procurando novos desafios, cursos, novos setores de trabalho dentro ou fora da empresa. Faça isto nem que tenha de reduzir suas sessões de televisão e leituras de jornal. Pense.

## POR DENTRO

Há duas atitudes numa empresa, num grupo, numa comunidade. Os de dentro e os de fora. Veja como eles pensam e agem:

|  | Os de fora: | | Os de dentro: |
|---|---|---|---|
| Salário - | É o principal O resto não importa. | - | Devo alguma coisa em troca dele. |
| Horário - | Chega atrasado e sai cedo | - | Preocupa-se com as tarefas. |
| Empresa - | A empresa deve cuidar de mim. | - | Se a empresa vai prá frente eu também vou. |
| Objetos - | Pode se danar. Não é meu. | - | Devo zelar por isto. Posso precisar dele adiante. |
| Na conversa - | Eles (os chefes e os outros; eu, não). | - | Nós (eu e os outros). |

Você gosta do que faz, do seu trabalho, do estudo? Ou faz mecanicamente? Será você um escravo?

O escravo psicológico talvez seja o pior de todos os castigos. No entanto, é muito comum. Cuidado para não ser um deles. Isto acontece a quem não tem um objetivo. Estabeleça, pois, o seu. Se não gosta de sua atividade atual não fique acorrentado a ela; dedique-se ao que você gosta de fazer. Mude! Você não será o primeiro a mudar de profissão e a ficar satisfeito o resto da vida. Ou seu trabalho não é tão ruim assim. Ou você não ganha tão mal como diz.

# DIANTE DOS ERROS

Tem gente que procura os erros alheios; e fica satisfeita ao encontrar. Cuidado com o ataque deste tipo de sujeito. Não desça ao nível deles!

Quando você recebe ataques pessoais sua primeira reação deve ser agredir. Controle-se! Depois você pensa em revidar aos insultos. Calma. Você vai ferir muito mais o mesquinho se ignorá-lo. Ele quer cartaz às suas custas; se você não valesse nada, ele não ia atacá-lo.

Ignore este tipo de sujeito. Cuide de coisas grandes, importantes.

Eu aprendi na infância:
o inseto pequeno
compensa a insignificância
usando veneno.

Se puder vá mais longe. Ofereça-lhe ajuda desinteressada. Como Cristo ofereceu a outra face. Você verá um sujeito envergonhado... ou um tremendo cara de pau.

## MUDE DE NÍVEL

Procure adaptar-se ao nível dos outros. Walt Disney ganhou muito com isto; ele dizia as coisas mais complexas de maneira simples. Não é que os outros sejam burros; você é que não conseguiu ser bastante simples para ser entendido. Simplifique. Se você usa palavras complicadas a impressão pode ser:

a - Você é cheio de pose (come carne de pavão)
b - Você é um chato
c - Você não sabe o que diz (está enrolando)
d - Isto não me interessa (não entendo).

## PREOCUPAÇÕES

A preocupação exagerada é uma doença mental. A cura é fácil: procure estar ocupado; se já está, acelere o ritmo.

Não tente ser perfeito; você não conseguirá. Faça bem feito e o melhor que puder. Contanto que faça. 10% de uma coisa é melhor do que 100% de nada. Ou o ótimo é inimigo do bom.

Pense no futuro, para o futuro. Henry Ford talvez tenha exagerado quando disse: "Estatísticas não me interessam; elas falam do passado". Cuide de aprender com o passado mas não viva nele.

É fácil descobrir onde você errou no passado, como poderia ter evitado isso ou aquilo. Agora é diferente. Comece de novo. Você sabe que ainda não existe previsão correta do futuro. E se isto vier a acontecer, a vida vai ser sem graça, sem surpresas, talvez monótona.

Apesar do imprevisível você leva vantagem. Sempre. Sua roupa é feia? Tem gente que não tem o que vestir. Está sem serviço? Tem gente que está doente e não pode trabalhar. Vai ser operado do rim? Fica o outro. Está desmotivado, cansado, desanimado? Tem gente que não sabe da existência deste livro ou não sabe ler. Você tem mais do que pensa. Tem a cabeça no lugar.

# 3. *Uma Grande Descoberta*

A indústria procura insistentemente produtos novos. É uma questão de sobrevivência. Mas a permanência de uma indústria está também ligada ao rendimento, ao lucro. Daí surge o dilema de conciliar o lucro decorrente da fabricação em massa com a inovação tecnológica. É preciso descobrir uma saída.

Esta é a palavra chave.

Não a *saída* e sim a palavra descobrir, achar, inventar, criar. A rigor, não se tratam de sinônimos, como veremos adiante, mas isto não importa agora.

Portanto, é preciso descobrir e criar coisas novas.

Onde se aprende isto? É uma coisa vaga, um conjunto de regras empíricas? Será uma onda, uma nova moda?

Ou é uma ciência?

A escola nos ensinou a estudar; nas melhores delas aprendemos a usar a memória e a fazer raciocínios lógicos e deduções. No entanto, são coisas ao alcance da máquina, do computador. Na verdade o nosso cérebro, que agora começa a ser devidamente estudado, é muito, muitíssimo mais potente e complexo do que se imaginava.

Começamos a analisar, compreender e reproduzir o mecanismo do descobrimento e vemos que a inspiração, a criação, o estalo, não são tão inacessíveis como parecem ser. A capacidade de criar pode ser estimulada por processos específicos. Está provado e comprovado.

Isto depende, porém, de uma renovação interna, de uma compreensão maior de nós mesmos e da sociedade em que vivemos.

Há, na verdade uma clara opção a ser feita entre a comodidade ou o esforço. A comodidade daquilo que pensam, fazem e dizem por nós, a futilidade do autômato, (homem ou mulher robô) dirigido por e para a imitação: o mecanismo, a tradição, a burocracia, a propaganda dirigida e subliminar. É uma das opções.

A outra é o esforço para evitar tudo isto e substituir pela compreensão de si mesmo, por uma visão diferente do mundo, capaz de construir um homem novo e uma sociedade nova.

Não é obra fácil. Quase tudo o que há de fácil já fizeram. O que propomos é um desafio para o espírito, para os que não deixaram de refletir, para os que podem parar para pensar. Freie por uns momentos o ritmo louco da vida e acompanhe conosco a abertura de portas para um mundo novo: o mundo da criação e da imaginação.

Vamos começar do princípio.

O predomínio do homem sobre os animais talvez tenha começado há 100 mil anos atrás. A data é a estimativa atual e meramente aproximativa. No entanto, o fato que marca o início da nossa civilização é certamente a descoberta pelo homem de sua capacidade de criar. Usar um osso como alavanca ou como arma, usar uma pedra lascada como raspadeira (que daria origem à faca). *Dar novos usos para coisas existentes é transformação e descoberta.*

Juntando, depois, a alavanca e a raspadeira o homem fez surgir o machado de pedra: uma autêntica invenção!

---

> • **Eu também sou capaz de arranjar mais umas cinco desculpas. Mas leve o diabo as desculpas! O que eu quero é isto feitol.**
> **Coronel George S. Patton**

---

Analisando:

Descoberta é a percepção de uma coisa existente: um fenômeno, uma lei, uma ilha, um inseto.

Invenção é a criação de uma coisa que não existia antes: o barômetro, o avião, a Guernica de Picasso, uma sinfonia, um projeto.

Nem sempre a distinção é tão clara. A bacteriologia, por exemplo, estuda os micróbios. É descoberta enquanto estuda a reprodução, mas é invenção quando introduz novos microorganismos para controlar os primeiros. Da mesma forma, não deixa de ser invenção o aperfeiçoamento de uma coisa preexistente, tal como o freio a disco foi um aperfeiçoamento do freio de sapatas.

Voltemos ao ponto em que tratávamos da imaginação na origem da nossa civilização. A partir do descobrimento da sua capacidade de criar o homem esmerou-se em fazer uso de sua habilidade. Descobertas e invenções se sucederam... por acaso e como uma reação em cadeia. Da descoberta dos metais até a tabela periódica dos elementos há uma longa sucessão de acasos. Eles acontecem em todas as atividades humanas: na Pintura, na Literatura, na Biologia, na Química, na Física, na Matemática.

• O que perturba os homens não é a coisa em si, mas as opiniões que os outros fazem dela.

Epitecto

Até há alguns decênios supunha-se que o estalo da criação, o lampejo da idéia, era pura obra do acaso. Entretanto, depois da 2.ª Guerra Mundial diversos pesquisadores mostraram que a capacidade de inventar e de descobrir pode ser treinada e desenvolvida.

As técnicas de desenvolvimento da criatividade têm produzido excelentes resultados em diversos países e em diferentes campos de atividade. Entretanto, convém evitar todo excesso. Do mesmo modo que o melhor treinador não pode transformar um bando de doentes e famintos em campeões de levantamento de pesos, devemos estar prevenidos para os exageros de pretender fazer de pessoas normais gênios da criatividade.

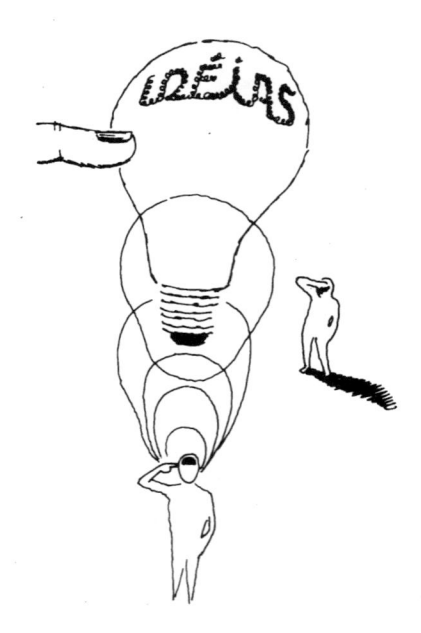

---

• **A fantasia precede a realidade. A hipótese precede a experiência.**
**Anônimo**

---

# 4. O Cérebro e Suas Funções

Este capítulo poderá ser lido após a última página do livro, especialmente se você quer chegar logo aos exercícios e aplicações. Em última análise, trata-se de um conjunto de hipóteses, teorias e deduções baseadas em uns tantos fatos conhecidos hoje acerca do cérebro.

## O COMEÇO

Acredita-se que o cérebro do feto humano se desenvolve de dentro para fora em camadas com os nomes de reptiliano, sistema límbico e neocortex. Esta formação, coincidentemente, repete a evolução do próprio cérebro humano ao longo dos milênios. Em tempos remotos o homem era (muitos de seus modernos descendentes ainda são) uma fera.

Havia a necessidade ou desculpa da luta pela vida: homens versus animais. Seja como for, o complexo reptiliano do cérebro comanda o comportamento agressivo, os rituais, a hierarquia social, a demarcação dos territórios. Segundo ó pessoal da oposição o complexo reptiliano comanda o comportamento burocrático e o político; pelos exemplos diários não há como duvidar disto.

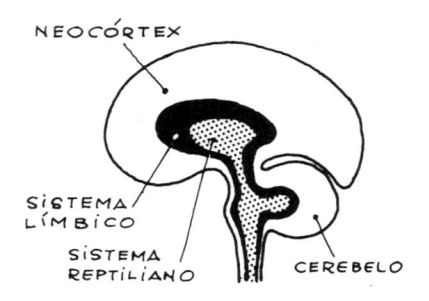

A camada mais profunda, mais antiga e mais primitiva do cérebro recebeu os nomes de complexo reptiliano, cérebro reptiliano ou complexo-R por se acreditar que ele possui estruturas compartilhadas, em parte, pelos nossos antepassados mamíferos e répteis; para ser mais objetivo, o cavalo e o jacaré.

É este que prefere estar deitado no leito do psicanalista, enquanto que o outro dá coices.

O sistema límbico superpõe-se ao complexo-R e é responsável pelas emoções mais fortes, pelos aspectos altruísticos e religiosos ou, quando funciona inadequadamente, pela raiva, pelo medo e pelo sentimentalismo tolo. O sistema límbico é formado por várias glândulas e sofre a ação de drogas. Ele controla, pelo menos em parte, a retenção visual, a ansiedade e a atenção, o olfato, a dor. É, ainda, responsável por boa parte da memória e parte da atividade sexual. Esta, aliás, é uma das poucas atividades humanas que se encontra distribuída nos três níveis ou camadas do cérebro.

Não se deve levar muito ao pé da letra a localização nem a divisão das funções cerebrais. Assim como as atribuições dos ministérios freqüentemente se superpõem, o cérebro, igualmente, não possui compartimentos estanques. A comparação é um tanto abstrata na medida em que alguns ministros, aparentemente, não possuem cérebro.

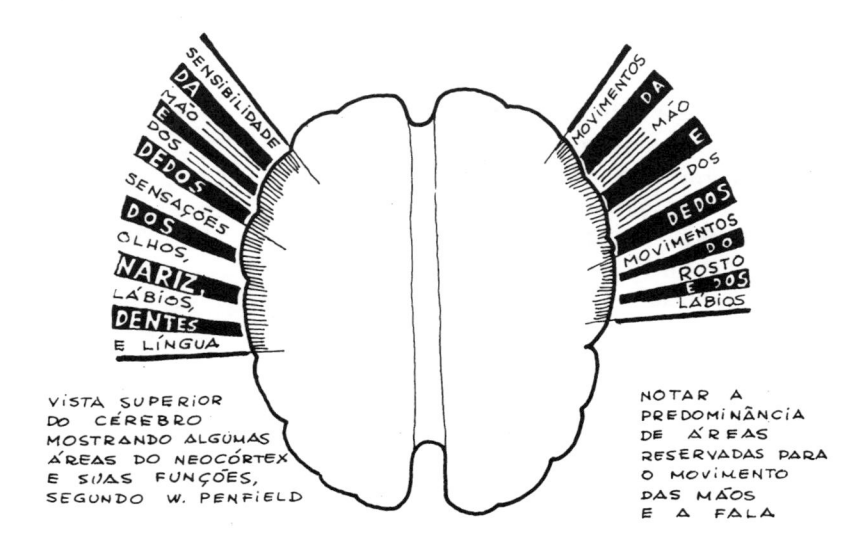

VISTA SUPERIOR
DO CÉREBRO
MOSTRANDO ALGUMAS
ÁREAS DO NEOCÓRTEX
E SUAS FUNÇÕES,
SEGUNDO W. PENFIELD

NOTAR A
PREDOMINÂNCIA
DE ÁREAS
RESERVADAS PARA
O MOVIMENTO
DAS MÃOS
E A FALA

AS FUNÇÕES DAS DUAS METADES DO CÉREBRO DEVERIAM ESTAR
SUPERPOSTAS. AQUÍ APARECEM SEPARADAS PARA MAIOR CLAREZA.

• Estudar sem pensar é perder tempo. Pensar sem ter
estudado é perigoso.
Confúcio

A terceira camada, a mais externa, possui múltiplas funções: a ligação entre a posição ereta e a visão, a análise das causas e dos efeitos, a orientação espacial, a leitura e desenho de mapas, a capacidade de abstração (necessária à leitura, à escrita e à matemática), a memória das coisas remotas, a capacidade de associação abstrata e o raciocínio, a curiosidade e a sua irmã gêmea que é a disposição para resolver problemas. Por último, mas não menos importante: o neocórtex é o cérebro da iniciativa, como também o da precaução.

É fora de dúvida que o neocórtex foi a salvação para políticos e camelôs, pois é ele que controla a atividade verbal. É de lamentar que, nestas pessoas, a vocalização seja tão predominante que não dê vez ao raciocínio. Isto vale também como um lembrete aos que estão projetando o robô com pensamento artificial. Talvez possam fazê-lo menos artificial e falso do que alguns dos modelos humanos.

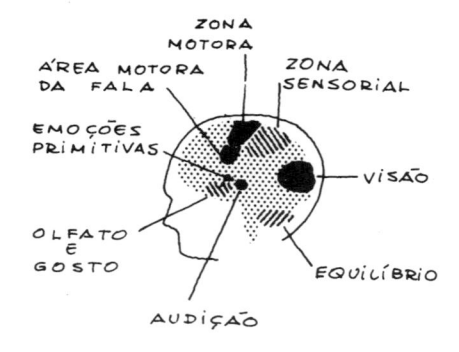

Os neuroanatomistas descobriram muitos fatos acerca do cérebro e apresentam, em suas obras, figuras com a localização de diferentes funções cerebrais. Devemos considerá-las como uma *primeira aproximação* de tais locais.

Parece-nos duvidoso, se levarmos em conta que não existem duas pessoas iguais, que se possam determinar as ordenadas X, Y, Z de uma função cerebral (o movimento da mão, por exemplo) em uma pessoa e, por interpolação, chegar às ordenadas X', Y', Z' do cérebro de outro indivíduo. É claro que o estudo é válido, entretanto devemos estar cientes de que, no momento, tudo não passa de uma localização *genérica* das funções.

O prêmio Nobel de Medicina e Fisiologia em 1981 coube aos Drs. Roger Sperry, Tosten Wiesel e David Hubel por suas pesquisas sobre as funções cerebrais e representou o tardio reconhecimento da ciência oficial a um trabalho iniciado 25 anos antes, a partir de estudos iniciados por Paul Broca em 1861.

O leitor interessado em mais detalhes encontrará no final do livro uma lista de Obras Indicadas e que apresentam aquelas investigações, as muitas descobertas e a quantidade ainda maior de dúvidas que persistem. Para os fins do presente estudo faremos um resumo muito por alto, das teorias em voga.

Falamos, já, de uma espécie de topografia cerebral que localiza o comando de determinadas funções em regiões específicas do cérebro. Por exemplo: os dedos dos pés são controlados por uma parte do cérebro situada um pouco acima do olho direito; no entanto, o movimento dos pés está sediado em uma região simétrica em relação à anterior. Tudo isto é bastante relativo, pois, se o cérebro sofrer lesão num local específico e antes do término da infância, existe a possibilidde de reabilitação da função. Se tal lesão ocorrer na vida adulta, apenas *uma parte* da função pode ser recuperada, sendo a função lesionada redistribuída a zonas não afetadas.

Esta disposição dos 3 cérebos ou dos 3 níveis do cérebro é chamada de cérebro trino. É importante frisar que existem conexões neurais do neocórtex com o sistema límbico e com o complexo reptiliano. Assim, o cheiro é transmitido para uma região específica do cortex; contudo, ele é processado principalmente no sistema límbico.

Um outro modelo de funcionamento é o que apresenta *dois* cérebros: direito e esquerdo, com funções específicas.

O cérebro esquerdo comanda a fala e a escrita, o pensamento abstrato e conceitual, o raciocínio e o cálculo; tende para a melancolia e a falta de entusiasmo.

Ele tem boa memória para as palavras mas é incapaz de memorizar figuras irregulares não definidas por uma palavra e incapaz de classificar figuras simples (triângulos e quadrados, por exemplo) que estejam pintadas ou riscadas diferentemente; tende para a estratificação da atividade mental e não tem boa orientação visual no espaço e no tempo.

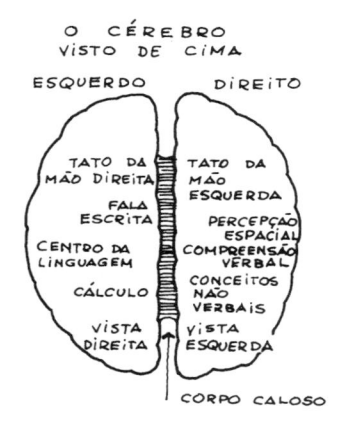

O cérebro direito retém pouca coisa do aprendizado teórico por palavras mas sua memória de imagens é muito boa. Tende para o otimismo, acredita no futuro, gosta de sorrir e de brincadeiras. É a sede da intuição.

A ligação entre os dois cérebros se faz pelo corpo caloso. Trata-se de ligação muito íntima. Portanto, quer consideremos o modelo acima (cérebro direito e esquerdo) ou o anterior (cérebro trino: reptiliano, límbico e neocórtex) existem ligações entre as partes do cérebro, pois elas não atuam isoladamente.

Como trabalham os cérebros?

Se considerarmos os dois hemisférios, direito e esquerdo, podemos dizer que, em geral, existe predominância de um sobre o outro. As pesquisas demonstram que isto não se deve apenas a fatores inatos mas *também ao uso*, que pode ser (e é comumente) *influenciado pela educação*.

Portanto, os hemisférios não atuam de modo independente entre si! Cada um coopera com sua capacidade específica, complementando o outro, Mas a coisa se complica porque cada um quer impedir o outro de trabalhar, como se estivessem numa competição para *aparecer* mais. Isto conduz a que em cada situação específica (um problema abstrato de matemática ou uma emergência ao dirigir um automóvel) seja utilizado o processo mais adequado.

Mas há um detalhe: uma pessoa em cada três possui hemisférios *desprovidos* de especialização bem definida. Quer dizer: não ocorre aquela predominância de um cérebro sobre o outro.

O outro detalhe: tudo o que foi dito se refere às pessoas não canhotas!

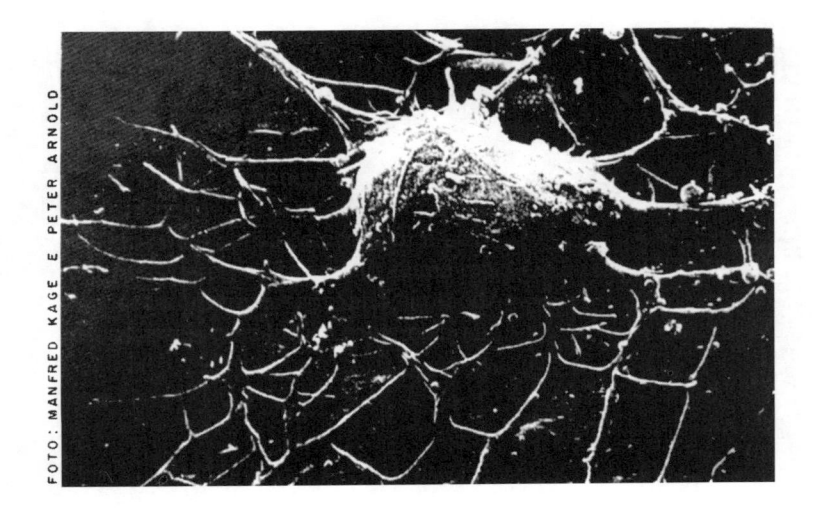

FOTO: MANFRED KAGE E PETER ARNOLD

De detalhe em detalhe podemos chegar ao nível do mundo microscópico e nele veremos que existem canais ou redes de neurônios. A fotografia acima talvez não deixe bem clara a idéia da profundidade, isto é, o fato de que a *rede de neurônios* não está num plano único e sim ocupando diferentes níveis de profundidade. Isto se torna importante ao admitirmos a idéia de que o pensamento atua como uma descarga elétrica que percorre essa rede e pode seguir à direita ou à esquerda... para cima ou para baixo, nunca em um plano único.

A rede é formada por 10 a 15 bilhões de neurônios. Se considerarmos um azulejo de 15 x 15 centímetros vemos que 10 bilhões deles seriam suficientes para cobrir uma superfície de 15 x 15 quilômetros quadrados ou seja o equivalente a um município ou à área que é desmatada em questão de poucas horas na Amazônia.

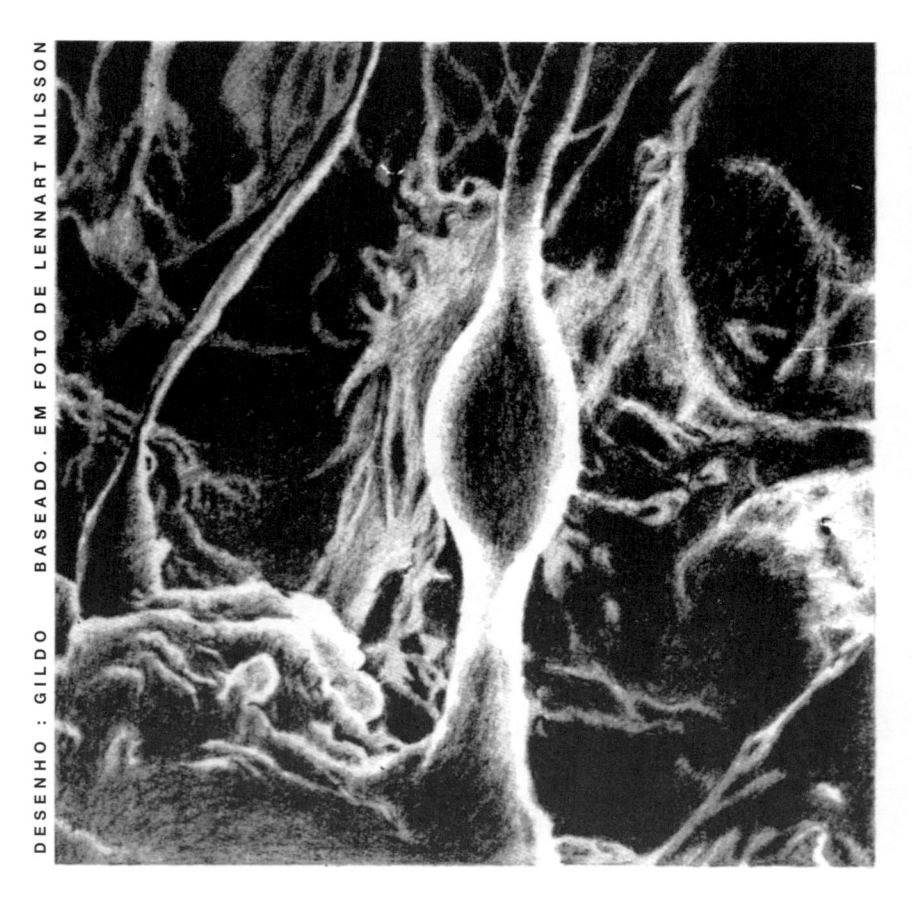

DESENHO : GILDO  BASEADO. EM FOTO DE LENNART NILSSON

O microscópio eletrônico mostra, ainda, vazios dentro do cérebro. É assunto que comentaremos no próximo capítulo. Voltando, pois, às redes de neurônios e às descargas elétricas sabemos que o pensamento não circula sempre por dento das redes. Isto significa que as descargas mais fortes (originadas por uma emoção mais intensa?) abreviam o percurso passando por fora da rede, ao menos em algumas regiões do cérebro.

Em outras palavras: o funcionamento do cérebro não é um processo linear ou digital, na linguagem da informática. Há ainda outro fator a considerar: é que os neurônios possuem a facilidade de liberar um ou dois neuro-transmissores.

Em suma: há alternativas em cada alternativa. E elas tendem a se combinar, multiplicando-se quase até o infinito... Fala-se de centenas de imagens armazenadas em um quintilhão de moléculas (1 seguido de 18 zeros; um número tão grande que contando 1.000 imagens por segundo levaríamos 31 milhões de anos para concluir).

Voltaremos a este aspecto no capítulo referente à aplicação dos processos criativos.

Talvez você desconheça estes fatos curiosos acerca do cérebro:

1 - O cão consome em seu cérebro 10 $cm^3$ de oxigênio por minuto. O mesmo peso de cérebro no homem precisa de 800 $cm^3$ de oxigênio por minuto.

2 - O tecido muscular do homem tem, para cada milímetro cúbico, 6 milímetros de rede capilar. A mesma quantidade de tecido cerebral possui 1.100 metros de capilares. A irrigação sangüínea no cérebro, é assim, a mais elevada de todos os órgãos.

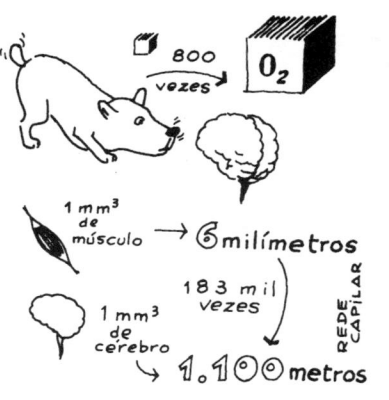

Os dois modelos de cérebro que apresentamos parecem ser incompatíveis, mas não é assim, na verdade. É importante relembrar que as distinções feitas acerca de cérebro reptiliano, sistema límbico e neocórtex são válidas ESPECIALMENTE para fins didáticos. De um modo geral inexiste uma fronteira ou separação entre essas regiões do cérebro. Nem física, nem funcional. Elas se interligam e possuem estruturas em comum.

Do mesmo modo, a separação entre cérebro direito e esquerdo é útil para fins didáticos e teóricos.

Mas a aplicação prática destas teorias não pode deixar de levar em conta que o cérebro é um órgão de extrema complexidade e cujas estruturas raramente funcionam independentemente. É simples, simplista e até charmoso falar de 2 ou 3 cérebros.

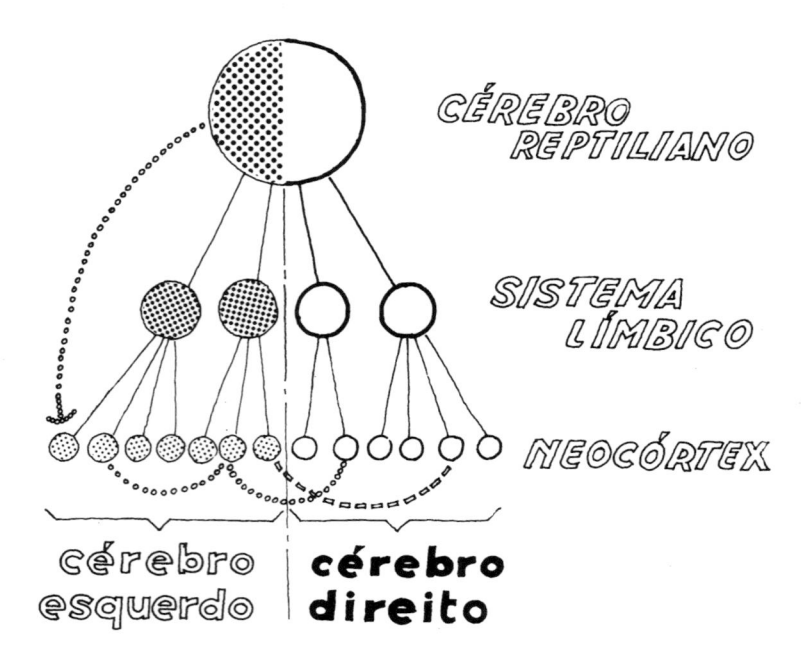

Apresentamos acima, em uma figura única, a estrutura dendrítica (arborescente) do cérebro mostrando ligações hierárquicas que partem das situações mais simples e elementares até chegar às ações mais refinadas e elaboradas do neocórtex.

Para maior aproximação, apresentamos no desenho as ligações horizontais existentes, especialmente ao nível do neocórtex, além daquelas diretas, partindo do cérebro reptiliano para o neocórtex.

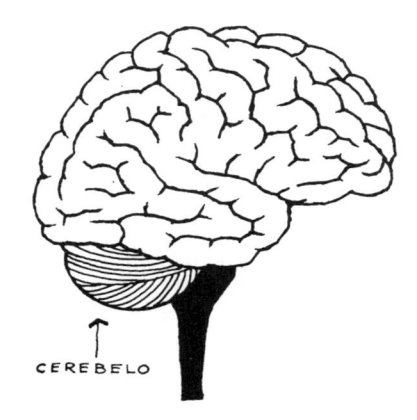

CEREBELO

Nosso cérebro é, pois, um órgão tremendamente complexo. E muito pouco conhecido. Já vimos os modelos de cérebro trino e duplo. Há, ainda, um outro, responsável pela coordenação motora: o cerebelo, espécie de apêndice do cérebro. Afinal, como funciona o conjunto?

O funcionamento do cérebro poderá envolver um mistério que nunca venha a ser totalmente conhecido, tal como acontece com os altos negócios e os trambiques na área financeira. Isto quer dizer que a recomendação de Sócrates (conhece-te a ti mesmo) é bastante difícil.

É difícil. Mas será possível? Não falta quem diga que o cérebro jamais poderá compreender a si próprio. O fato é que em uma estrutura formada por 10 a 15 bilhões de neurônios não há como prever os impulsos destes neurônios, nem a direção e forma de transmissão destas descargas. Pior ainda, quando o mesmo estímulo é repetido torna-se imprevisível e pouco provável que siga o mesmo caminho anterior.

É inútil, então, estudar o cérebro?

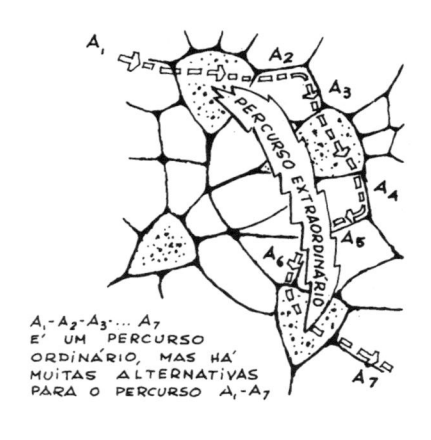

$A_1$-$A_2$-$A_3$-... $A_7$
É UM PERCURSO ORDINÁRIO, MAS HÁ MUITAS ALTERNATIVAS PARA O PERCURSO $A_1$-$A_7$

De modo algum! A qualidade de nossa vida melhorou muito graças ao conhecimento do cérebro. Não somente foram feitos muitos progressos com relação à descoberta e tratamento de doenças mentais, como também é hoje muito maior nossa compreensão — incompleta, na verdade — da psicologia do afeto, da agressão e da aprendizagem.

Ao mesmo tempo, o estudo do cérebro acabou de vez com aquela velha idéia do ser superior (o homem) que possuia o cérebro mais volumoso e mais pesado. Consola-nos, porém, a esperança de que, de progresso em progresso, poderemos um dia compreender que a Natureza é uma integração de tudo e de todos, que a cadeia da vida depende de cada um de seus elementos e que *a agressão* — entre nações, grupos ou indivíduos — *não conduz senão à destruição de uma porção da vida*.

A conduta das pessoas e dos animais é um campo aberto aos investigadores. Por que age desta ou daquela maneira um animal ou pessoa?: Que episódios me levaram a pedir na loja uma roupa azul? Um tecido liso e fino ou um outro rústico? Como se relacionam entre si as preferências e os episódios anteriores existentes na memória? Por que entrar numa loja e não numa lanchonete?

A roupa era essencial? Qual a motivação para me induzir a comprá-la? Por que ou como ela se sobrepôs à sêde? A linguagem do anunciante foi motivadora? Como se relacionam, afinal, a mente e o cérebro? Dizem alguns neuro-fisiologistas que se soubéssemos o bastante sobre o cérebro decifraríamos todos os mistérios da mente.

Será assim? Ou aquela pergunta do parágrafo anterior sobre mente e cérebro nunca terá resposta?

Infelizmente a ciência tem hoje mais perguntas que respostas.

---

• **Estas coisas (televisão, automóveis, sociedade de consumo) não são produto de forças anônimas. Elas são produto de grupos de homens que concordaram entre si que esta poluição da consciência das pessoas serve aos seus fins.**
**Joseph Weizembaum**

# 5. *A Sabedoria Confirmada*

É interessante notar como as pesquisas dos neuro-fisiologistas estão confirmando as observações da sabedoria popular. Por exemplo:

1 - "Cada cabeça, uma sentença." Isto foi dito, em linguagem científica, no final do capítulo anterior quando escrevemos que cada impulso do neurônio percorre um caminho que, em geral, não se repete na mesma pessoa e, com ainda maior razão, tem poucas chances de ser repetido em pessoas diferentes.

2 - Diz o povo que uma determinada pessoa tem a cabeça vazia quando quer exprimir que o fulano não tem idéias nem decisões próprias, que ele é um "Maria vai com as outras" (Perdão: eu deveria dizer um Mário, um João, um Zé, não fosse a tradição da linguagem comum). O vazio é *literalmente* verdadeiro e não uma metáfora.

Fotografias do interior do cérebro, tiradas com microscópio eletrônico, (ver p. 40) confirmam a existência do vazio. Resta verificar se eles são maiores nas pessoas de "cabeça oca" do que naquelas que pensam, que agem conscientemente, que possuem vontade e decisões próprias.

3 - "Poetas e matemáticos são pessoas desligadas." Não falta quem generalize para cientistas e não apenas matemáticos. Realmente, eles possuem um elemento comum: o impulso criador. E este impulso, veremos adiante, manifesta-se no momento em que o indivíduo está desligado de preocupações materiais. Prestações e carnês, imposto de renda, contas a pagar, futricas familiares, sociedades comerciais, campanhas políticas, consumismo, doenças na família, despesas domésticas, ruídos intensos, tudo isto constitui limitação ao ato criador.

O feirante, o camelô e o político trabalham em presença destes elementos; são, entretanto, atividades maquinais, semi-automáticas, onde o cérebro pouco ou nada intervém.

Já os artistas e cientistas trabalham com o cérebro em vibrações emotivas ou não criam nada. Quando pressionados por fatores daqueles tipos o cérebro se fecha em um curto-circuito. O sujeito funde a cuca inutilmente. Nada produz. Ou produz coisa podre, gerando frustração. Voltaremos ao assunto.

4 - O intérprete ginga, vibra com a música; descontados os gestos caricaturais, o cantor canta com a voz, o corpo, os braços, as mãos, os pés. É uma unidade em vibração. Também o desenho, que é basicamente um gesto, deve ser feito a partir do movimento da mão e do corpo. O corpo move-se acompanhando o movimento da mão, o ritmo da respiração, o deslocar do braço; é uma unidade de pensamento e de gestos, a integração gráfica.

> • Como ocorrem estes momentos criativos? Ora... ninguém sabe como funciona. Lembrava-se de que... estava em um casamento quando a solução para um problema pareceu acender-se em sua cabeça. Escreveu-a em uma caixa de fósforos. "Eu estou sempre esquadrinhando a minha mente em buscas exaustivas no meu banco de dados".
>
> **Tracy Kider**

5 - O indivíduo criador é uma personalidade com traços femininos. A Psicologia confirma! Atenção, ô machistas: Não é o que vocês estão pensando. Não interpretem os traços femininos da personalidade — como eu escrevi acima — com coluna do meio, bicha, veado, desmunhecado. Para começar, personalidade feminina não tem relação direta com o sexo da pessoa. O mais assumido machista tem traços femininos em sua personalidade! É assim. Claro, se tiver personalidade, porque há muita gente por aí que é um "artista", apenas **REPRESENTA**, não é ele mesmo. O fato, porém, é que todo indivíduo possui um tanto de anjo e uma porção de diabo. Ninguém é 100% um ou outro; é ambos, simultaneamente, variando a dosagem. Até mesmo o escroque total pode ser capaz de, um dia, fazer uma caridade, encantar-se com uma flor. Somos todos uma mistura de Dr. Jekill e Mr. Hyde, sem horário de atuação. Na voz do povo: de médico e de louco, todos temos um pouco. Temos outras características, também; Maquiavel sabia muito bem disto.

É outro assunto que será abordado mais adiante.

6 - A habilidade manual e a inteligência andam juntas. Demorou muito para que se comprovasse cientificamente que o homem que fez, sabe o que faz. Homo Faber e Homo Sapiens são uma unidade. Isto exclui o Homo Xerox e o Homo latronis, cujas atividades são do mesmo nível intelectual do Homo Cameloris, papagaio humano, zero absoluto na escala do pensamento.

A Psicologia vem aplicando com sucesso testes vocacionais. Os de Arquitetura são, em boa parte, baseados na montagem e encaixe de peças (habilidade manual conjugada com percepção visual) sendo as alternativas corretas originadas por associação inteligente de idéias.

Esta capacidade de pensar e de fazer — inerente ao artista plástico e não apenas ao arquiteto — manifesta-se também no prazer de desenhar a qualquer hora, qualquer assunto, em qualquer local. O criador de pensamentos gosta de vê-los construidos, mesmo que seja em desenhos: a maneira mais simples de transformá-los em imagens visíveis por si e por outras pessoas. *O artista quer ver sua idéia apreciada*; ele pode ser um narcisista mas sua idéia nunca o será. Ela pede divulgação: *a emoção partilhada*.

7 - Não existe correlação entre a capacidade criadora e a inteligência. A chamada Arte Primitiva é o melhor dos exemplos. As pinturas das cavernas pré-históricas ou as máscaras indígenas são uma expressão artística da mais alta categoria. Seus autores, no entanto, estão muito longe de qualquer pensamento abstrato. O ceramista popular mestre Vitalino, de Caruaru, no interior de Pernambuco, criador de expressivas figuras em barro cozido, foi homem que jamais chegou a conhecer sequer a capa de um Livro de Arte. Sua arte era espontânea, livre, natural e brotava de sua intuição. Provavelmente ele seria reprovado em qualquer vestibular, e sua inteligência nunca foi além das contas da bodega.

# 6. O Projeto: Metodologia ou Criatividade?

Durante muitos e muitos anos (ou foram séculos?) o ensino de Projeto foi feito a partir de um programa. O programa tem um objetivo (indireto) e uma lista de necessidades a serem atendidas. Aí o aluno metia a cara e a quebrava, muitas vezes. Nesse entremeio produzia alguns esboços e escolhia um deles para transformar em projeto. Antes desta catástrofe o professor dava palpites nos desenhos: "Olha, se fosse eu, fazia esta peça maior. E colocava aqui uma abertura".

Esta pedagogia(?) do projeto começou a ser questionada. E surgiram duas correntes: a do deixa como está para ver como fica e a da oposição, querendo virar a mesa. No caso, a prancheta.

Os alunos que tinham uma tendência natural para projetar (veremos adiante porque isto acontece) pouco se interessavam pelas correntes. Eles corriam em raia própria. Os outros — por sinal, a maioria — começaram a cobrar mudanças. Muda o currículo, modifica o programa, bota outro professor, altera o nome da cadeira (agora chama-se disciplina), dá uma carga horária maior. E nada de chegar ao verdadeiro problema: o método de ensino ou de projetar.

Já não havia mais o que modificar e eis que acendeu a luz no túnel. No início, apenas uma velinha: o programa de necessidades precisava de um organograma ou fluxograma. Nele se apontavam os fatores que influenciavam a decisão por esta ou aquela alternativa no projeto. A vela cresceu e tornou-se uma tocha a clarear o caminho. O caminho da Metodologia. E surgiram aquelas teorias, a esmiuçar e detalhar cada decisão do projeto. Como as ligações entre objetivo, qualidade e seleção e as variáveis de contexto, de decisão e de aceitabilidade se interelacionavam dentro do domínio de factibilidade ficou claro que a melhor seleção era a de futebol: ou seja, nenhuma conclusão.

Mas, é claro (escuro para outros) que o índice de mérito não se enquadrava no diagrama do modelo sistemático de meta-decisão. Como fosse pouco o entendimento alguém entendeu(?) de encaixar nesta estrutura de processo de projeto as teorias socio-econômicas e políticas.

Aí o discurso descamba para palanque de comício. Os fascistas fazem faixas, os comunistas não comunicam, os nazistas anarquizam, os slogans de sempre enchem os ares. Ninguém se entende. É a Babel!

Assentada a poeira do comício deve-se reconhecer, no entanto, que a estrutura do raciocínio da corrente que defende a metodologia do Projeto é perfeitamente aceitável... desde que capada em seus excessos!

Pois, no momento em que a informática programou a tomada de decisões dento de um modelo de alternativas possíveis, o projeto passou a ser produto (ou sub) da eletrônica. Não tenho nada contra a Informática, apesar de excessos iniciais, naturais e sanáveis, mas o fato é que Projeto é Técnica e Arte, raciocínio e emoção, um ponto de equilíbrio entre a razão e o sentimento.

Acontece que emoções e sentimentos estão fora dos circuítos eletrônicos atuais. Friso bem: no momento atual. Não vejo como ou porque a Ciência não possa vir a criar o computador dotado de sentimento. Parece-me que o problema está apenas em definir com clareza o que vem a ser sentimento, emoção, gosto... Certamente não é fácil, mas não vejo a tarefa como impossível. A Ciência superou desafios maiores.

Nesta altura os computadores já desenham projetos, escolhem alternativas econômicas, pintam algumas formas de Arte. Tudo, porém, a partir de programas elaborados pelo homem. O computador capaz de criar programa é outra etapa. O que virá depois disto cabe à imaginação, do homem ou do computador.

---

• **Talento é mais facilmente encontrado entre não conformistas, dissidentes e rebeldes.**
**David Ogilvy**

---

Como eu estava dizendo, a corrente da metodologia possui suas teorias e seus modelos. Na sala de aula, na mente do aluno tudo se atropela: há variáveis demais, excesso de incógnitas e a falta de raízes. Projetar tornou-se um processo quase automático, seco, mecânico, racional demais. Diminui ou desaparece a parte afetiva, o gosto, a emoção; nos modelos e diagramas da metodologia não cabem os efeitos de luz e de sombras, as cores, a textura, o contraste, o equilíbrio de formas, os cheios e os vazios.

Resumindo: o projeto tente a se tornar uma alternativa matemática e não o resultado de um processo de CRIAÇÃO. O projeto pode fornecer uma construção, uma máquina quase perfeita; falta, porém, o toque humano que lhe dará vida.

Mais correto seria, certamente, usar o modelo da metodologia do projeto para uma *revisão* antes do projeto: testar seu funcionamento sob condições diversas antes do desenvolvimento final.

Como ficaremos, então?

Se é mau começar a projetar dentro do molde teórico da Metodologia poderá ser bem pior não ter método algum.

É aí que propomos regressar à estaca zero, tábua rasa do pensamento, a volta à Antigüidade. Por paradoxal que isto possa parecer, devemos retornar às origens: ao Renascimento, às corporações da Idade Média, Roma, Grécia, Egito.

"Voltar ao passado? Já progredimos tanto em relação ao século XV e vem esse maluco sugerir os velhos cânones do passado!" Não é bem assim. Vamos explicar.

---

- **A criatividade continua a ser a enteada da Psicologia.**
  **Rollo May**

---

Num filme despretencioso, "A Floresta de Esmeralda," os índios do Amazonas aparecem como gente, com sua sabedoria e sua cultura. Isto é bastante estranho, especialmente se considerarmos que o diretor, JOHN BOORMAN, é europeu e sai do seu pedestal para mostrar a sabedoria de nossos "selvagens", que estiveram sempre à margem da civilização e da cultura universitária. Mas isto não é nada. O melhor ficou para o fim, quando o filme tanscreve uma mensagem: "Eles (os índios) sabem de coisas que nós já esquecemos."

Eu diria que os antigos sabiam de coisas que nós, modernos, já esquecemos.

Puxando para a nossa sardinha, na área de Artes, as brasas do entendimento verificamos que o ensino de Projeto está hoje muito mais voltado para a análise, o raciocínio, a crítica social, a Matemática (aí incluída a Informática) do que para a intuição, coisa que os antigos tinham de sobra.

Há exceções e há razões. Poucas exceções e muitas razões. (Não significa que devam ser aceitas!). A primeira delas é que as causas da intuição não são perceptíveis; ela não está totalmente sob nosso controle. Com tais dificuldades não admira que a intuição seja a gata borralheira da Psicologia.

A intuição é como a bruxa da frase: "Não creio em bruxas, mas que há, há". A expressão é esta, embora eu prefira comparar a intuição a uma fada. Ela é uma das 4 funções psiquícas do consciente: pensamento, sentimento, percepção e intuição. (Fica a critério do leitor verificar a razão de somente uma destas funções estar presente na Metodologia do Projeto e tentar explicar as exclusões).

---

• **Nossos inimigos nos julgam com mais acerto do que nós mesmos.**
**La Rochefoucauld**

A SAÍDA

... DE CASA

... DA ESCOLA

A segunda razão pode ser decorrente da primeira. O fato é que a escola adota um modelo de aprendizagem, com exclusão de todos os outros, baseado na otimização e que tende para o conhecimento experimental como espécie de arquivo de informação. Entretanto, não basta ter informações. É preciso usá-las, saber como usá-las, para que usá-las. É preciso aprender a pensar! Alguimas escolas conseguem isto; outras ficam na etapa mais primitiva de mero arquivo de informações. Admitindo que todas cumprissem sua meta de ensinar a pensar somos levados a admitir que *apenas uma parte muito pequena das potencialidades do cérebro foi desenvolvida!*

Infelizmente é isto o que ocorre. O ensino esqueceu a intuição. (Estou supondo que a percepção e o sentimento se desenvolvem sem aprendizagem formal, o que é duvidoso). Não apenas esqueceu; faz pior: BLOQUEIA A INTUIÇÃO!

Não posso deixar por menos. O ensino bloqueia a intuição na medida em que deixa de usar e de estimular a criatividade. Imagine, por exemplo, que você começa a praticar levantamento de peso sempre com o mesmo braço. O que aconteceria com o outro? Certamente tenderia a ATROFIAR-SE. É exatamente o que acontece com a criatividade: por falta de uso e de estímulo ela se atrofia.

Pode-se argumentar que a criatividade seria uma moda, como foi a mini-saia. É bem pouco provável, pois a Criatividade já tem mais de 40 anos de aplicações e de estudos feitos nos Estados Unidos, na Rússia e na França. No mínimo é moda duradoura. Tem mais: na medida em que esses estudos se aprofundam e avançam *eles tendem a se tornar secretos*. Exagero? Vejamos: como explicar que os estudos estavam tão evoluídos na Rússia e que a partir de 1968 deixaram de ser divulgados? Por que as indústrias e os governos se protegem da espionagam industrial? Por que a literatura do ramo se limita hoje a generalidade, evitando citar casos e descrever aplicações? (O leitor deve estar lembrado de que, antes de tornar-se pública, a Geometria Descritiva era segredo de Estado. Isto em 1795!) Por que os Estados Unidos deram aquele salto em 1969 e partiram para superar o SPUTNIK? Qual a relação desta arrancada com a Matemática?

Afinal, qual a razão desta conspiração de silêncio?: É a terceira de nossa lista de razões. A sociedade tende a estratificar-se, recusando mudanças. É uma auto-defesa, pois a mudança pode levar à perda das posições, das vantagens de hoje. A indústria, por sua vez, está adaptada para a produção em massa. Por todo lado, repetição e rotina. Inclusive na escola: repete-se aquilo que se aprendeu. Ninguém muda nada a fim de não correr o risco de perder o poder que desfruta.

Instala-se, assim, um círculo vicioso. Somente quando a sociedade ou uma indústria está doente e a ponto de perecer procura o remédio. Faz uma transformação. Aplica a criatividade.

Entretanto, se a Criatividade é relativamente recente porque falar de voltar às origens, à Grécia, ao passado? É que o estudo sistemático da Criatividade começou depois da 2.ª Guerra Mundial mas, na verdade, ela existe há muito tempo. Muito mesmo; talvez tenha começado há uns 100 mil anos quando o nosso ancestral usou uma pedra como projétil ou um osso como alavanca ou como arma. Quando ele modificou a forma da pedra, tirando-lhe lascas e dela fazendo uma faca rudimentar. Começou aí a etapa da evolução que levaria à civilização. Quer dizer: a Criatividade está na base da nossa civilização; é a origem dela.

---

• **Pratique, pelo amor de Deus, em coisas pequenas. E daí faça as coisas maiores.**

**Epicteto**

---

Os primeiros pensadores conhecidos a se voltarem para o estudo da Criatividade (não com este nome) foram Platão e Aristóteles. Sabe-se, porém, que 5.000 anos atrás já os babilônios se ocupavam da sabedoria e da criatividade. As idéias dos egípcios chegaram até nós sob formas mais concretas e é possível que algumas delas tenham alcançado a Grécia, através daqueles filósofos já citados e, também, de Pitágoras e Plotino. Bem antes deste, porém, os brâmanes indus e os taoistas chineses foram mestres nas técnicas de meditação; o "prai-barshana" dos indus não é mais que uma variante do atual "brain-storming". Ou vice-versa. Com o ressurgimento das filosofias orientais poderemos *voltar às origens*.

Evidentemente não propomos reeditar os trabalhos dos artistas gregos, muito menos voltar aos processos de criação das catedrais góticas. Teremos de *adaptar as idéias* dos antigos à situação atual e desenvolver o estudo e ensino da criatividade a partir daquilo que foi estudado, pesquisado e testado em outros centros.

Teremos de elaborar um modelo de ensino que permita a expansão do potencial criativo do aluno sem que ele se enrole em esquemas e diagramas e evitando, especialmente nos estágios iniciais, que ele se perca no emaranhado de abstratas teorias estéticas, sociais, políticas e econômicas. Trata-se, pois, de ensinar menos e orientar mais, preservando a todo custo a individualidade e a imaginação.

Ao encerrar este capítulo pode ser oportuno lembrar que a imaginação é a única liberdade verdadeira que resta ao homem.

Se bem que imaginação não é a mesma coisa que criatividade. Acho que já escrevi isto antes; de qualquer forma, é outro assunto.

---

• **O homem sincero não deve governar, mas ensinar.**
**Thomas Moore**

# 7. Explicando a Criatividade

Procuramos mostrar aqui o que se entende por criatividade: o que é, porque usá-la e para que usá-la. Em páginas anteriores mostramos a origem da criatividade em exemplos da História e da vida. Vale, no entanto, tornar mais claro o conceito.

Vamos começar por fazer distinção entre imaginação e criatividade. Certamente você já pensou alguma vez em coisas como: "Quando eu chegar... eu vou dizer isto... eu farei tal coisa... eu responderei assim..." São situações imaginadas. Ela pertencem ao mundo dos sonhos, ainda que venham a ser concretizadas posteriormente. Assim como os jogos das crianças são praticados dentro de um mundo de ficção, de fantasia, de *faz-de-conta*; contudo, elas sabem que existe ao lado o mundo da *realidade*.

As crianças não apenas sabem da existência desses dois mundos como *passam de um para o outro facilmente*, do real para o imaginário e vice-versa, como se não houvesse fronteiras de tempo e de espaço. Realmente, *as fronteiras não existem*. São colocadas pelas convenções e rotinas do adulto, auto-limitando-se em categorias não comunicantes.

Algumas drogas têm o poder de quebrar estas barreiras, levando o indivíduo para o mundo dos sonhos. Ao lado do preço gasto em dinheiro e em saúde elas apresentam outros aspectos: 1 - alteram a personalidade do indivíduo, no ato e depois dele. Ouso dizer: o sujeito passa a ser *outro*, jamais ele próprio. Digo mais: o sujeito drogado fica em condições de tapear os do mesmo nível dele ou abaixo; somente estes. 2 - Não se tem conhecimento de nenhuma obra marcante que tenha sido produzida sob a ação de drogas. O novo cálculo de uma ponte, o projeto de um avião revolucionário, a concepção de uma teoria, a criação de uma obra de arte, nada disso jamais foi feito sob estimulantes químicos. Na verdade não se conhece nenhuma droga capaz de estimular a criação; elas parecem limitar-se a eliminar os freios da razão, liberando conseqüentemente os *sonhos*. Nada além disto. E sonho, sabemos hoje, é uma função NATURAL do cérebro.

Está claro, portanto, que imaginação é sonho, é projeção, é fantasia; enquanto que criatividade é imaginação mais realização, expressão, construção. Voltemos às crianças. A infância é considerada por todos como uma fase feliz. Aí se criam novos mundos a partir de desenhos ou de modelagem plástica. Segue-se a evolução natural e a criança passa pela adolescência e transforma-se em adulto. Aí, muita gente descobre que perdeu a disposição para criar, que não é mais criança... (Você notou a semelhança das palavras criação e criança?). Mas quase ninguém observa que, se a disposição foi perdida, *a capacidade de criar permanece!*

É como um milagre do cérebro. A sociedade dirige o homem e a educação o modela, ambos enfatisando o raciocínio e a memória, em prejuízo das outras formas de vida mental. Sufoca-se a criação e tudo aquilo que se afasta dos padrões estabelecidos. Mas o cérebro é um órgão maravilhoso e sabe defender-se. O cérebro sonha, sempre; quer nos recordemos ou não ao despertar, os sonhos são um exercício para evitar a atrofia da imaginação.

Evidentemente não é possível usar para o adulto os mesmos processos empregados para estimular a criação na 1ª idade; entregar lápis, pincéis e tinta e dizer: "Agora crie!" As condições são totalmente outras e os processos devem ser diferentes.

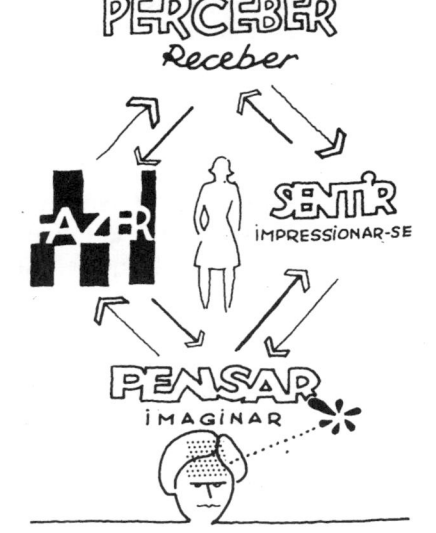

Para começar, o adulto deve ter a liberdade de escolha: nada o impede de usar o raciocínio, como nada o deve impedir de ser dominado pela emoção. São fatores que devem atuar um sobre o outro, sem exclusão; ao contrário, um deve enviar mensagens ao outro. A criação inclui percepção, sensibilidade, raciocínio e ação.

Na administração, na engenharia, na indústria, na ciência, na pesquisa existem elementos que permitem identificar claramente a atuação criativa do indivíduo. Na área de arte, especialmente em Artes Plásticas, o conceito fica difuso, para não dizer confuso. Assim é relativamente fácil definir em "marketing", por exemplo, a presença da criatividade em uma campanha publicitária: ela se caracteriza pela inovação, seja ela quase total ou em detalhes bem perceptíveis. Um produto qualquer pode ser avaliado em termos de criatividade maior ou menor pela novidade que apresenta. O freio a disco é um projeto inovador, se comparado com o modelo anterior do freio de sapatas. Não se trata de uma novidade total mas é, fora de dúvida, uma inovação e um aperfeiçoamento.

Na Arte o conceito de inovação é muito menos simples, menos científico, vamos dizer assim. O julgamento é fundamentalmente subjetivo. Não há como classificar exatamente os graus de criatividade artística. Isto poderá vir a acontecer, mas no momento é uma impossibilidade. Quando um crítico de arte escreve laudas e louvores a um artista ele transmite sua apreciação pessoal, correta ou errada — não importa — mas certamente como reflexo de sua própria cultura, de seu gosto, de sua época.

Será, então impossível avaliar um trabalho de Arte Plástica? Dentro de um padrão matemático e no momento atual a resposta é: SIM. Entretanto, isto não impede que estabeleçamos critérios de avaliação que reduzam o grau de subjetividade do julgamento.

A obra de arte ao ser pensada (analisada) apresenta dois elementos: o significado (a mensagem) e a expressão (a maneira como foi dita). Um projeto, seja de Desenho Industrial ou de Arquitetura, deve ser considerado como Arte Aplicada: a integração da criatividade com as necessidades do uso.

Imaginemos um liquidificador. Ele pode ter uma forma artística, limpa, pura e bela (atende ao significado) e ter sido construído de chumbo (um material inadequado). Analogamente, poderíamos pensar em uma estação rodoviária projetada com materiais adequados e com funcionamento correto e cuja forma fosse a de uma catedral gótica. Exageros à parte, os exemplos deixam claro um modo de *pensar* uma obra de arte. Que, aliás, é feita para ser *sentida*, antes de tudo.

Dito por outras palavras: um significado ou mensagem nova pode ter uma expressão convencional. E vice-versa.

Nas artes plásticas utilitárias (Comunicação Visual, Desenho Industrial, Arquitetura) o que vem a ser a criatividade? Podemos descrever como sendo a percepção do real e a sua retransmissão transformada pela imaginação. É o fenômeno em que a química do imaginário modifica o mundo real, recriando-o.

Criatividade é encontro dos dados exteriores com o gosto e a cultura pessoal liberando do interior do cérebro um produto. Detalhando: os dados exteriores são os materiais e empregar, a tecnologia envolvida, os custos, a função ou objetivo pretendido, etc. Os dados interiores são formados pela memória, gosto pessoal, a pesquisa, experiências anteriores, a posição do autor em relação à tradição/inovação etc.

O produto poderá ser individual ou de equipe mas deve possuir um caráter próprio capaz de diferenciá-lo de outros semelhantes. Não surgindo o produto final, pode-se admitir que se trata de puro sonho, que não chegou a ser materializado ou o foi incompletamente. Não se pode esperar a originalidade total. O próprio ponto de partida do projeto há de ter sido algum fato novo ou antigo que passa pela imaginação e recebe um tratamento pessoal. Há, então, um processo de filtragem — sob o comando do gosto pessoal — sem o que o cérebro receberia uma tal quantidade de imagens, de apelos, de estímulos, que acabaria por tumultuar o seu próprio funcionamento. Tais visões ou imagens são tratadas de modo inteiramente pessoal e usadas imediatamente, o que é raro, ou arquivadas na memória. Este processo de arquivamento, até mesmo o modo de acesso a tal arquivo, permanece inacessível para nós apesar das pesquisas.

---

• **A intuição vem exatamente no momento de transição entre o tràbalho e o repouso.**
**Rollo May**

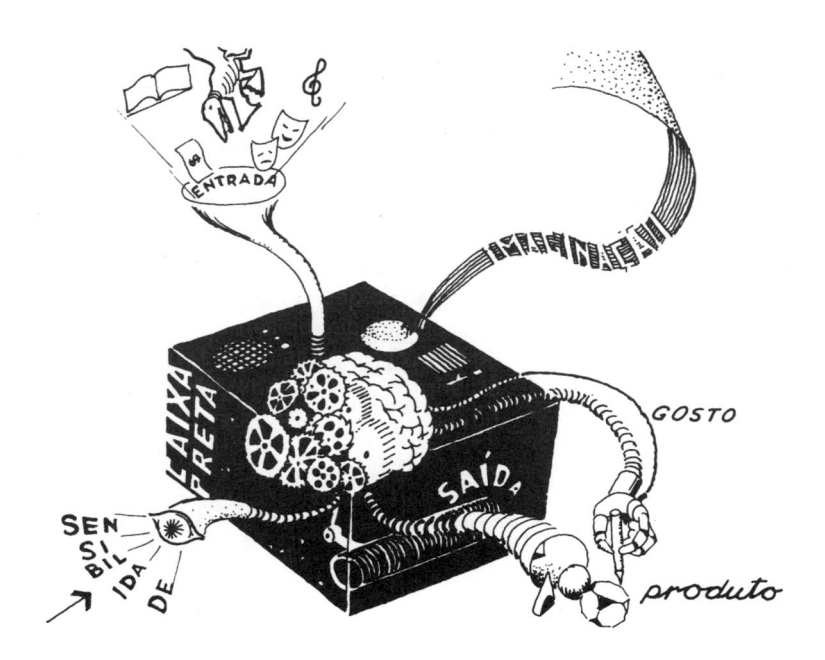

É fácil deduzir que a riqueza desse arquivo da memória é função da *entrada* de estímulos e que quanto maior a quantidade de modelos trabalhados e armazenados tanto maior a variedade de saída dos produtos. A alimentação do arquivo deve ser contínua, rica em quantidade e feita através de um vocabulário o mais variado e amplo possível: cinema, teatro, museu, leitura, vida diária, trabalho. O homem mais criativo é aquele que tem suas antenas ligadas permanentemente.

A criatividade está presente na vida do homem desde a aurora da civilização. Muitos fatores indicam que estamos no limiar de uma mudança drástica em nossa maneira de viver. Se a população continuar a crescer e os recursos disponíveis de água, energia e alimentos forem dissipados certamente teremos a cada ano menos coisas distribuidas para mais gente. Precisaremos ser criativos para usar melhor as disponibilidddes do que resta, sem que seja necessária uma guerra de extermínio ou a migração em massa para outro planeta.

Não existem limites para a imaginação. Em termos práticos — já o dissemos — ela é a única liberdade que dispomos integralmente. Sem incomodar os vizinhos. Sem equipamentos. Sem poluir. Sem pagar impostos (Por favor: não espalhe isto! Evite que alguém descubra uma maneira de cobrar. Isto pode parecer piada agora mas no momento em que estiver disponível um aparelho barato para medir as correntes elétricas do cérebro em ação teremos de pagar imposto para pensar. Certamente não é bastante ameaçador, se admitirmos que a arrecadação será função da quantidade de pensantes. Limitada quantidade, pelo que sabemos.)

São problemas para o futuro. No entanto, todos temos problemas. Com exceção dos mortos. Problemas diversos, em instantes diferentes, em assuntos disparatados e em graus variáveis. Problemas não faltam. Podemos aplicar soluções de rotina, ou sermos dominados por eles ou resolvê-los por processo criativos. Você sabe o que acontece com as doenças: duas terças partes se resolvem por si próprias; as restantes, ou matam ou permitem a sobrevivência de médicos e farmaceuticos. Quer dizer: o tempo é um santo remédio. Cura de graça muitos males e resolve grandes problemas. Mas alguns persistem. Poucos; não se preocupe, nem se ocupe de dramatizá-los. Garanto que você não vai conseguir os índices de audiência da novela da TV. É preferível esfriar a cabeça, estudar com calma os aspectos do problema, achar o XIS da encrenca, anotar as alternativas de solução (boas ruins) e depois selecionar a mais adequada. Selecionar e solucionar.

Isto quer dizer que a criatividade pode ser aplicada a *qualquer assunto*. Da matemática ao preparo de uma refeição; da arquitetura à genética. *A criatividade é um* estado de espírito, é um *comportamento*.

Depende de ter as antenas ligadas e a disposição para agir. Percepção e ação. Criação... o grito de ação. Eureka! Eureka!

# EVREKA *

Entusiasmado com
sua grande descoberta
ARQUiMEDES esqueceu
que a cidade
ficava próxima a
uma barragem. E sua
mensagem teve outra
interpretação:

Limitar a criatividade ao campo profissional é fechar as portas a um mundo vasto, rico e alegre que fica do lado oposto da vida bitolada, rotineira e sem espírito.

Como fazer para abrir a mente para o fantástico mundo da criação é o que começaremos a mostrar. Passo a passo. Pois isto não é ambulatório da previdência onde se prescreve o remédio antes do diagnóstico. Quem gosta de pressa é piloto da fórmula um.

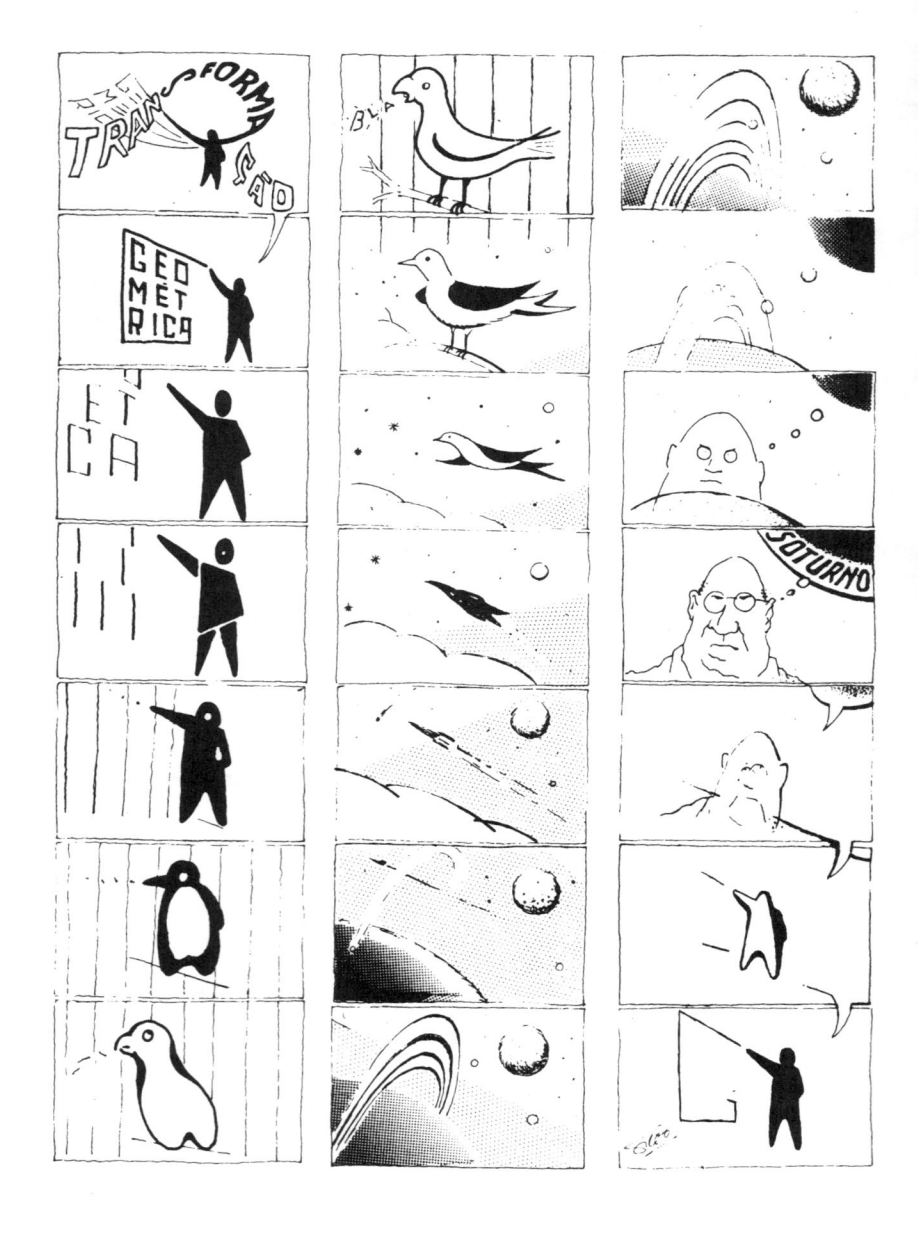

# 8. *Aplicando a Criatividade*

Fala-se muito da necessidade de desenvolver a criatividade e de usar soluções criativas, mas bem pouca gente diz como fazer este desenvolvimento. O caso mais notável que eu conheço é do XII Congresso Mundial da União Internacional de Arquitetos realizado em 1975 na Espanha. Note: congresso internacional; pois bem: todo mundo (não é trocadilho) defendeu a aplicação da criatividade na Arquitetura. Afinal, é o óbvio e nem precisava de congresso para isto. Mas ninguém deu um só roteiro, um mísero esquema, uma linha de ação para desenvolver a criatividade. O leitor que adivinhe se os conferencistas não sabiam como desenvolver ou se estavam escondendo o jogo.

Isto não chega a ser novidade. Grande parte das pessoas, inclusive professores, desconhece a criatividade. Há algum tempo eu ignorava como poderia desenvolver a criatividade e, até mesmo onde poderia encontrar a experiência sobre tal assunto. Devo confessar que achar a resposta me custou muito esforço, tempo e dinheiro. Sabendo que nem todos dispõem desta trinca de fatores é que resolvi passar para o papel um resumo do que aprendi.

É natural que cada qual puxe a brasa para sua castanha. Se eu apresento como exemplo um projeto de arquitetura, isto decorre da minha formação profissional. O leitor, porém, notará que o conceito de projeto pode e deve ser generalizado para além da Arquitetura, sendo aplicável a casos que não envolvem um projeto e sim um problema qualquer.

## 1. Fatores Externos ou Dados do Problema

**1. OBJETIVO**
Proteger do clima as pessoas. Deverá existir entrada e saída, que poderá ser única.

**2. DIMENSÕES**
Uma quantidade prefixada de pessoas utilizará o abrigo; portanto ele deverá possuir uma área definida, embora o volume não venha a ter a mesma importância.

**3. LOCALIZAÇÃO**
O abrigo será construído no Polo Sul ou no Equador? No caso de objetos, este item será substituído por embalagem para o transporte.

**4. MATERIAL**
Qual o material disponível na região? Seguramente ele impõe exigências à realização. Mármore, concreto armado, fibra de vidro: cada um possui tecnologia específica.

**5. TÉCNICA**
Poderá ser decorrente do material ou aquela disponível no local.

## 2. No Espaço e no Tempo

**1. O QUE** SE FEZ ANTERIORMENTE.
**2. ONDE** SE FEZ.
**3. QUEM** FEZ, QUANDO E COMO.
**4. O QUE** SE FAZ.

Trata-se de pesquisa para conhecer OUTRAS CULTURAS e outras experiências, analisar seus aspectos positivos e negativos, bem como definir sua eventual aplicação ou adaptação.

# 3. Os Dados Pessoais

DE QUEM PROJETA FORMAM
O ÚLTIMO CONJUNTO DE FATORES:

1. O **GOSTO** PESSOAL.

2. AS **EXPERIÊNCIAS** E AS PESQUISAS
   DO PROJETISTA (ANTIGAS E ATUAIS).

3. O USO DAS **CORES** (PODE SER
   CONDICIONADO PELO MATERIAL ADOTADO).

4. A **TENDÊNCIA** PESSOAL PARA
   A TRADIÇÃO OU INOVAÇÃO.

5. O **EQUILÍBRIO** ENTRE AS
   NECESSIDADES MATERIAIS,
   A ESTÉTICA
   E A INVENÇÃO.

Evidentemente esta não pretende ser uma lista sistemática dos fatores que intervêm em um projeto e sim uma relação esquemática daquilo que constitui a *coleta de dados* ou 1.ª fase do projeto.

Com isto nas mãos e na cabeça começa a 2.ª fase do projeto: *a associação dos dados*. Agora o projetista começa a trabalhar mental e graficamente (às vezes plasticamente) para *formular alternativas* de projeto. Na linguagem do arquiteto: esboçar "partidos".

A memória está com todos os dados disponíveis. O filtro da afetividade (gosto) libera os traços essenciais, as linhas básicas de um esboço. Outro; mais um.

O projetista não está satisfeito.

Retoca e refaz. Procura o ideal.

O máximo.

Por vezes o cérebro para.

Recusa contiunuar. Empaca.

Se isto acontece não convém forçar. É inútil. Melhor é descansar ou trabalhar em outro projeto que esteja em estágio diferente deste; por exemplo: coleta de dados ou detalhamento. A intuição precisa de algum tempo para se ligar e produzir.

Ah! um relâmpago atravessa a mente.

É a solução procurada: a síntese.

Escreva. Desenhe. Logo. Na hora. Onde estiver: no ônibus, na rua, no bar, no banheiro. Eu disse relâmpago: é como um clarão que não se prende, não para, não estaciona. Anote. Desenhe antes que a imagem mental se dissolva no ar. Provavelmente ela não voltará mais nunca. Idéia é coisa muito frágil. E passageira.

Lembre-se:

O projeto é uma equação emocional...

... que não tem raízes, muito menos formulação matemática.

E a incógnita se determina pela intuição.

Desconfie da tecnologia excessiva: ela fornece um projeto rigoroso, mas seco, árido, sem graça. Por outro lado, não acredite no "gênio": o que faz um projeto em segundos. Deve ser um enrolador: ele carrega uma forma onde seus sócios enfiarão o programa dentro; na marra. A pílula da genialidade não está no tabuleiro de camelôs. Gênio é coisa rara; e séria.

MALOCA INDÍGENA

TEMPLO GREGO

TEMPLO JAPONÊS

TENDA DE BEDUÍNOS

TEMPO FUTURO:
UMA PROMESSA OU UMA ESPERANÇA ?

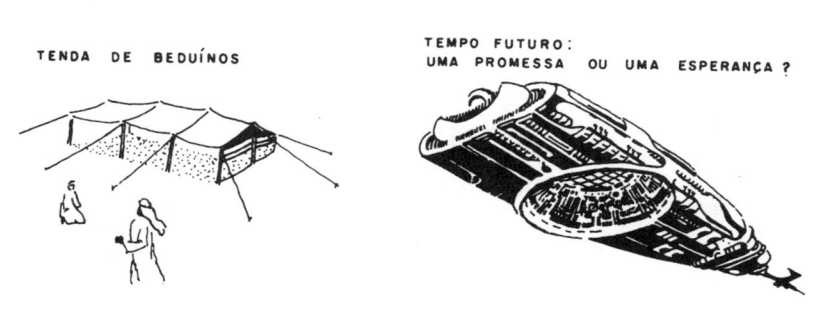

Um trabalho prévio de preparo, de estudo, de pesquisa, de familiarização com a coisa a projetar, o problema a resolver é indispensável. Projeto não é mágica que salta da cartola onde está pronto, apenas esperando a hora de aparecer.

A combinação livre dos elementos coletados na pesquisa é que vai produzir respostas. Muitas, diversas. São associações feitas pelo inconsciente que fluem espontaneamente. Se elas tardam não convém que o projetista se enerve.

Como se formam e começam as associações? Ora, criar é estabelecer uma relação nova nas coisas existentes. Nada vem do nada. A imaginação procura no banco de dados da memória um ramo de um conjunto e liga a outro ramo de um segundo conjunto. Conjuntos de formas, de cores, de materiais, etc. entram no jogo.

EXISTEM VÁRIOS
TIPOS DE ASSOCIAÇÃO E
A ASSOCIAÇÃO LINEAR
É' UMA DELAS.
IMAGINEMOS UM OBJETO
QUALQUER
PARA SER CONSTRUIDO. TEMOS:

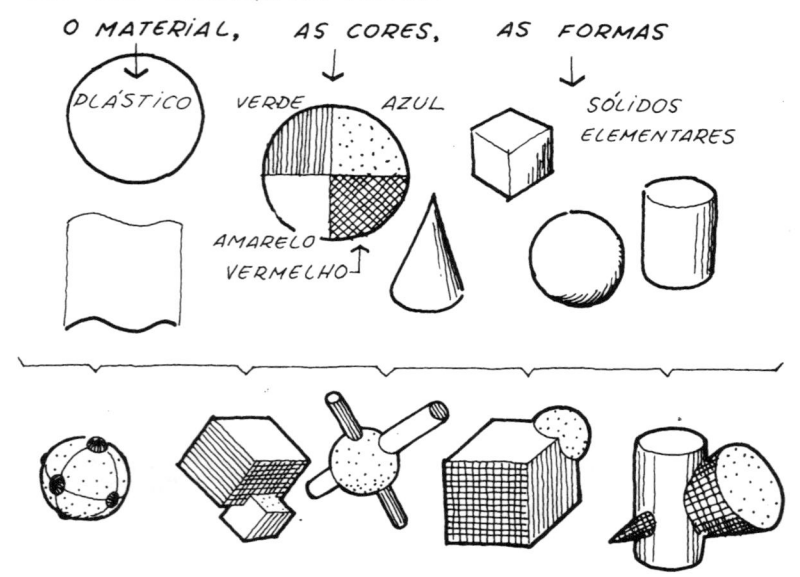

A ASSOCIAÇÃO LINEAR É' POBRE, ÀS VEZES, BANAL, EVIDENTE.
ELA SE ASSEMELHA AO RACIOCÍNIO LÓGICO, SEQUENCIAL:

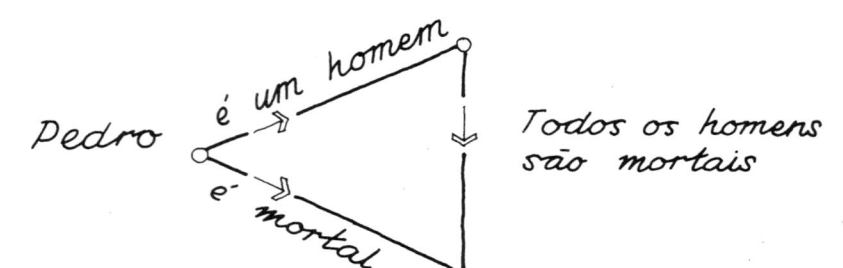

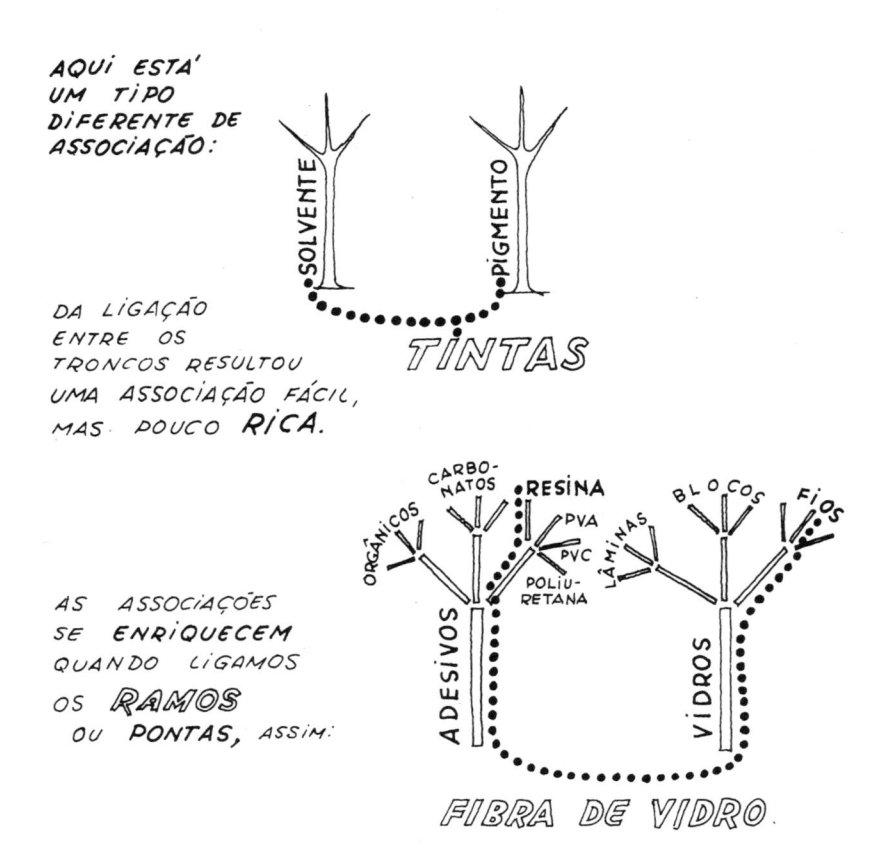

AQUÍ ESTÁ'
UM TÍPO
DÍFERENTE DE
ASSOCiAÇÃO:

DA LÍGAÇÃO
ENTRE OS
TRONCOS RESULTOU
UMA ASSOCÍAÇÃO FÁCÍL,
MAS POUCO RÍCA.

AS ASSOCÍAÇÕES
SE ENRÍQUECEM
QUANDO LÍGAMOS
OS RAMOS
OU PONTAS, ASSÍM:

Associar blocos de vidro com carbonatos resulta em uma parede transparente com juntas de cimento. É uma associação fácil porém pouco rica em altenativas.

Agora associamos não os troncos mas as pontas dos ramos: resinas + fios de vidro. Isto deu origem à fibra de vidro (fiberglass). Um produto novo, com muitos usos industriais e que movimenta milhões de pessoas e de empregos.

Podemos chamar — como o faz Arthur Koestler — este último tipo de *bissociação*. Associação seria como juntar marisco com marisco, o que daria origem a outro marisco; coisas semelhantes, quando juntas, darão coisas parecidas. Tal pai, tal filho. Na bissociação a superposição de coisas diferentes dá origem a uma nova.

Conta-se que Pitágoras descobriu a harmonia musical ao observar o trabalho dos ferreiros: o golpe do martelo produz sons de diferentes tonalidades em função do comprimento das barras de ferro. Pitágoras superpôs (bissociou) aritmética e música e deu início a um ramo da Física: a Acústica.

Na Arte, como na Ciência, a criação é síntese ou integração de idéias aparentemente não relacionadas. Inventar é perceber as relações antes ocultas. Koestler lembra que a palavra latina COGITARE (pensar) vem de COAGITARE, isto é, sacudir junto.

Nas aplicações, o conceito deve ser generalizado. Ao pretender criar uma coisa nova não se deve reunir somente especialistas da área específica e sim pessoas de diferentes campos de conhecimento. É que os especialistas tendem a falar uma linguagem própria e se entendem em termos gerais acerca de idéias abstratas. Ou não se entendem nada. Podem, ainda, estar cheios de preconceitos e de limitações próprias do seu campo de estudo. Ao contrário, um grupo interdisciplinar (bissociação) será obrigado a falar uma linguagem que todos entendam; quer dizer: *conceituar clara e objetivamente as idéias*.

---

• **Na América de hoje se você não for meio paranóico, você não têm juizo. Citado por Carl Sagan**

---

Não é por acaso que os melhores e mais criativos projetos de equipe são feitos por especialistas de diversos ramos dos conhecimentos.

Naturalmente cada caso é um caso. E em cada projeto haverá alternativas sem conta de formas, de materiais, de funcionamento, etc. A colocação destes fatores em "árvores" (diagramas) poderá ajudar a obter soluções originais. Entretanto, o projetista deverá buscar o equilíbrio entre o maior número de fatores.

Existe sim lógica em uma obra artística. Lógica ou ordem. Não me refiro ao seqüenciamento de causa e efeito ou ao ordenamento matemático. Quando o pintor coloca um rosto azul em sua tela, invertendo cores, harmonizando as cores do conjunto, ele atende a uma lógica cromática. De modo semelhante existirá uma *lógica no projeto entre volumes e materiais, ora em harmonia, ora em oposição* uns aos outros. Isto é intuição, é experiência, é busca. É emoção. Só não é matemática, razão pura. Nada impede, porém, que na sua expressão final, mais adiante, o projeto possa ser guaribado, apurado em requintes de traçados geométricos, matemáticos.

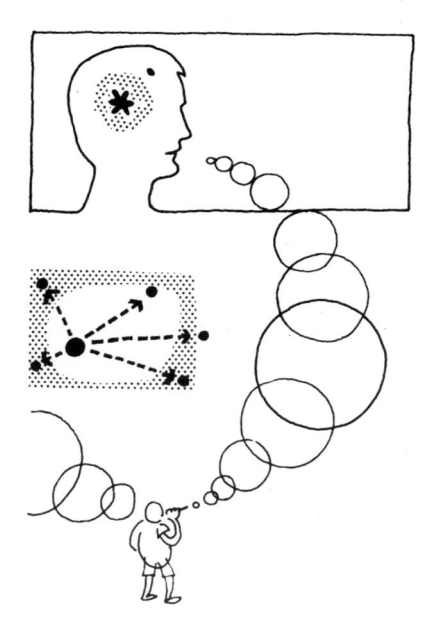

A 3ª fase do projeto é a *avaliação* das soluções registradas. Não resta dúvida de que é *mais provável* encontrar uma solução mais adequada no meio de 20 propostas do que entre 2 ou 3. Daí porque é importante anotar, desenhar, registrar todas as imagens mentais à medida que vão surgindo. O papel manteigá é o ideal: superpondo folhas vamos amadurecendo alternativas. Aposente a borracha, nesta fase, e use um lápis macio ou outro material que *deslise* sobre o papel, sem arranhar e sem ferir.

A avaliação de um projeto leva em boa conta o aspecto estético mas também as necessidades ou dados definidos de início.
Não vá o projetista,
no ardor da criação,
perder de vista
o objetivo da ação.

Poderá ocorrer que um projeto deixe de satisfazer uma das condições apresentadas. Aí o autor trata de melhorar uma das soluções ou fazer uma síntese de diferentes soluções não plenamente satisfatórias, de modo a aproveitar seus pontos positivos. Num trabalho coletivo ocorre com freqüência a soma das melhores contribuições individuais.

4.ª fase
Definida a escolha da solução começa a representação ou expressão do projeto. É a hora da definição final de formas, cores, material, volumes.

Mas o homem é um eterno insatisfeito. E parece que o projetista é mais do que os outros. Até o último instante fica retocando aqui, aperfeiçoando ali. O desenhista sofre, raspa, refaz. Jamais será alcançada a perfeição mas o projetista procura se aproximar dela.

À propósito: saindo do computador o projeto todo prontinho, o projetista cisma de alterar aquela janela. Será necessário reprogramar tudo? Quanto custará? Ou é preferível deixar como está?

Está concluído o projeto. E o capítulo também. Mas o assunto inicial (como desenvolver a criatividade) foi passado ao largo, como no congresso mundial. No entanto, as próximas páginas tratarão disto.

---

- **Alguns indivíduos, muitos dos quais extremamente dotados sob o aspecto analítico, são embotados em sua capacidade de perceber e de imaginar as relações espaciais, em particular a geometria espacial.**
**Carl Sagan**

# 9. Como Desenvolver a Criatividade

Em páginas anteriores deixamos esboçado o que é e como aplicar a criatividade. Bem menos simples será fazer a apresentação de processos para desenvolver a criatividade. A dificuldade surge em extremos opostos: de um lado, a apresentação de fórmulas e meios analíticos; do outro, a impossibilidade de moldar a intuição para obter respostas pré-determinadas.

Não trataremos, pois, neste estudo dos processos matemáticos para desenvolver a criatividade. A análise Combinatória poderá ser útil em algumas fases do desenvolvumento de projeto mas é totalmente inadequada à Arte (aplicada ou não) pois tende a estratificar um processo que é, ao menos em sua origem, dedutivo e transitivo. Em oposição, portanto, aos processos intuitivos.

O leitor mais interessado nos aspectos sistemáticos da criatividade encontrará na Análise Combinatória, nas matrizes e na Teoria dos Grafos bastante material. Precavenha-se, contudo, para o fato de que não encontrará exemplos de aplicação da teoria matemática à criação artística (o que é ainda hoje uma impossibilidade, em que pese algumas tentativas frustradas). Quando muito o leitor poderá deparar com a interpretação matemática de obras acabadas.

Em contraposição a uma criação sistemática (ou Sistemática de Criatividade) os estudiosos da Psicologia Aplicada apontam, na área da Estética, para a criatividade intuitiva. É que esta que nos interessa desenvolver. No duplo sentido: prosódico e prático.

Podemos começar com a história da mãe
que perguntou ao pediatra quando deveria
começar a educação de seu filho. E o médico:
— Qual é a idade dele?
— Sete meses...
— Então a senhora já perdeu 7 meses.

A história aplica-se à Criatividade. Falamos anteriormente da sobrecarga dada pela escola à racionalização do pensamento e à memorização de informações em busca da inteligência. Não deverá ocorrer a saturação de aprendizagem, especialmente se feita em prejuízo da experiência exterior e interior. Não se trata de eliminar a disciplina e o auto-controle e sim de dosar as atitudes de juízo e de percepção, de fugir do julgamento preconcebido, das classificações estereotipadas ou extremadas feio — bonito, inteligente — burro, pobre — rico, etc).

Deve-se, ao invés, aprender a criticar, a ter a mente aberta a todas as idéias, especialmente àquelas que vão de encontro ao nosso juízo, a procurar analogias e relações ocultas, a abstrair os fatos e vê-los em um contexto mais amplo. A independência de pensamento e de ação deve ser preservada; nada deveria ser aceito pelo simples fato de enunciado por uma autoridade e sim depois de ter demonstrada pelo estudante sua validade. Em certo sentido isto soa como rebeldia. E é; a criatividade não prospera no conformismo. Pode não ser muito agradável a convivência com o estudante criativo, mas ela será melhor tolerada se for conhecida a origem da rebeldia: a efervescência psíquica da pessoa criadora.

Tudo isto pode parecer a manifestação de
um ideal que está longe. Mas aqui e agora
— o leitor pergunta — como é que fica? Em
lugar de chorar o leitor derramado vamos à
ação!
"Quem só chora, não mama" (Saulo
Neiva)

## EXERCÍCIO DE COMBINAÇÃO

Muita gente tem alergia à Matemática; provavelmente foi vítima de mau ensino. Ela não é um bicho, nem tem sete cabeças. Vamos, então, imaginar uma coleção de bichos; insetos, para ser mais preciso. Aqui temos 5 deles:

CADA INSETO TEM **6 PARTES:** CABEÇA, TÓRAX E ABDOME (AS PRINCIPAIS) E ANTENAS, ASAS E PERNAS.

COM ESTES 6 ELEMENTOS, TRANSFERIDOS DE UMA FIGURA PARA OUTRA, PODEMOS FORMAR PÁGINAS INTEIRAS COM ANIMAIS; ASSIM:

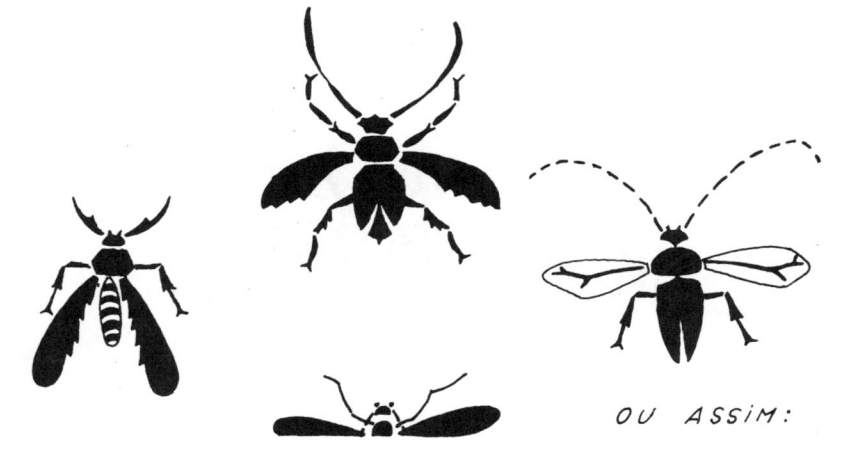

OU ASSIM:

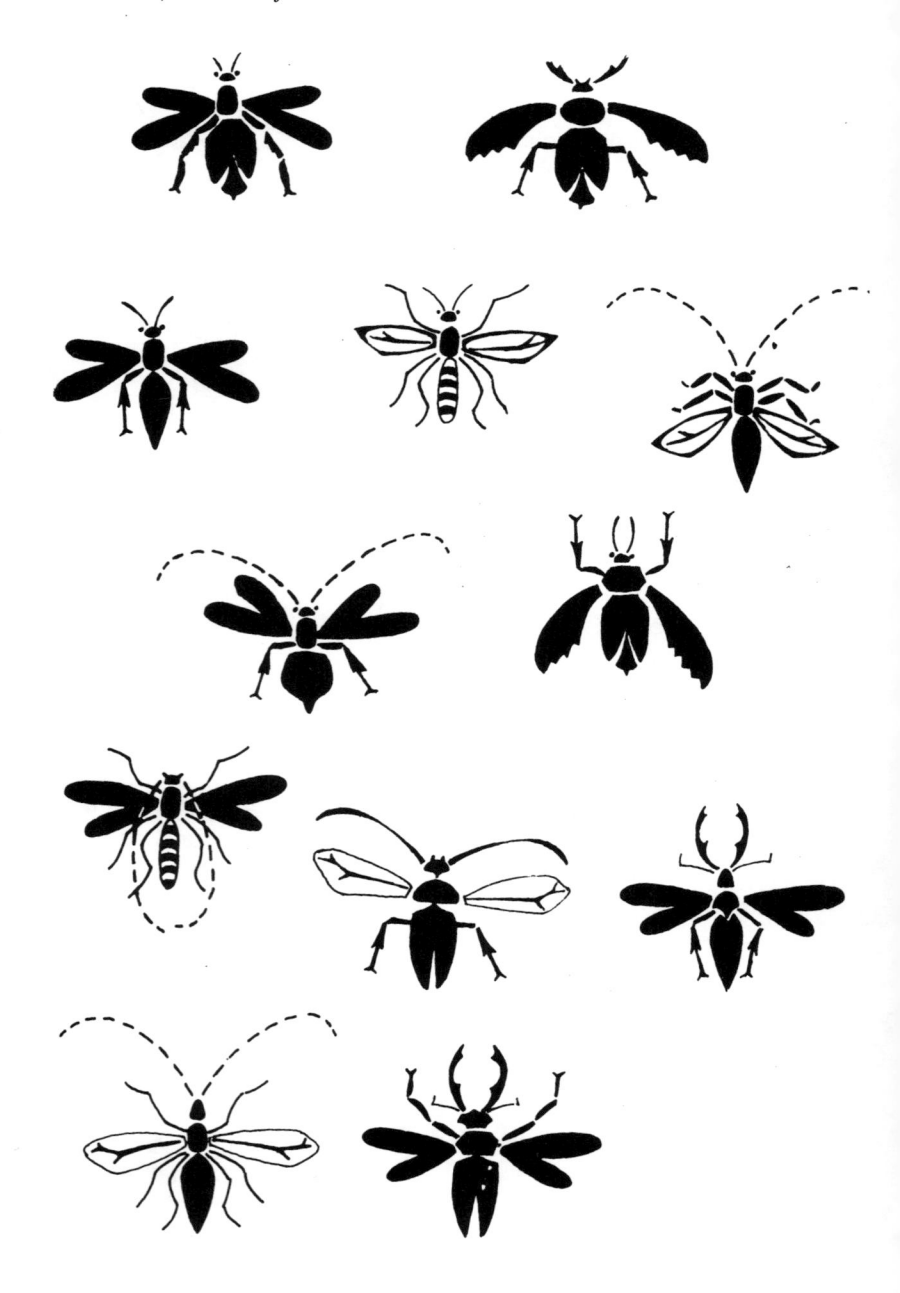

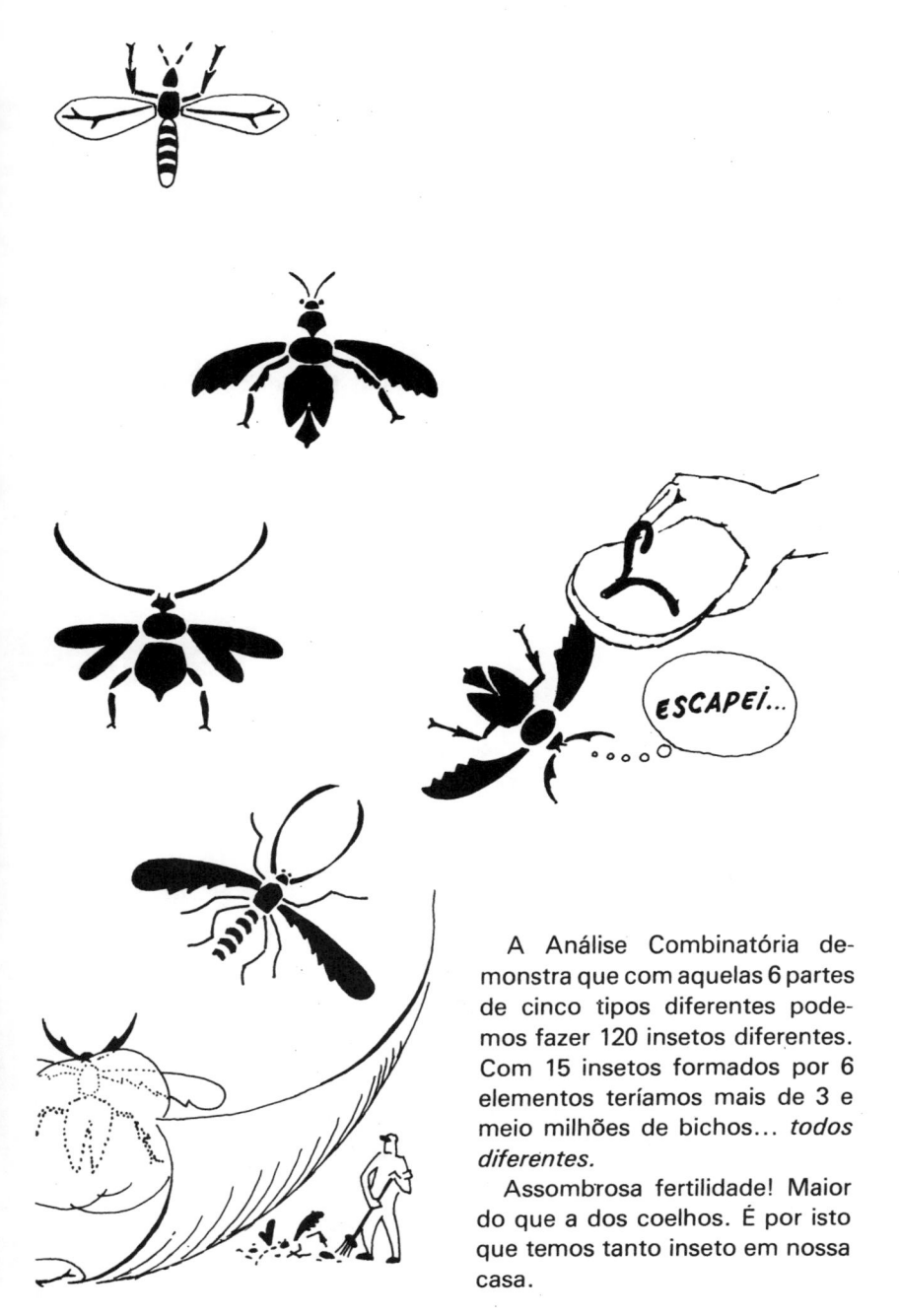

ESCAPEI...

A Análise Combinatória demonstra que com aquelas 6 partes de cinco tipos diferentes podemos fazer 120 insetos diferentes. Com 15 insetos formados por 6 elementos teríamos mais de 3 e meio milhões de bichos... *todos diferentes.*

Assombrosa fertilidade! Maior do que a dos coelhos. É por isto que temos tanto inseto em nossa casa.

No nosso caso, o do livro, a multiplicação não é dos bichos e sim do processo combinatório. Quer dizer: podemos combinar uns poucos elementos e obter uma variedade imensa de soluções.

É fato pouco conhecido de que com 100 dezenas podemos formar muitos conjuntos de 5 dezenas; algo como 3 bilhões, cem mil e tantos conjuntos. Isto corresponde exatamente às chances que tem o jogador de acertar na Loteria de Números. Mas não perca a esperança.

No projeto você joga (o termo é este, pois projeto é um jogo intelectual, e bastante refinado) com milhares de elementos memorizados. As combinações possíveis são uma quantidade extraordinariamente elevada; alguma coisa próxima do infinito.

Um exercíco elementar pode ser formulado. Material: uma base de papel tipo guache ou similar (de isopor, papelão ou cartão) com cerca de 20 x 20 cm e 3 cartões de cores variadas medindo 10 x 15, 10 x 10 e 10 x 7 cm. O aluno será convidado a projetar uma entrada (pórtico) para uma feira usando os 3 cartões, mais cola e tesoura. O aluno deve ser deixado livre para dobrar, cortar, colar, enrolar, etc.

A seguir, algumas propostas.

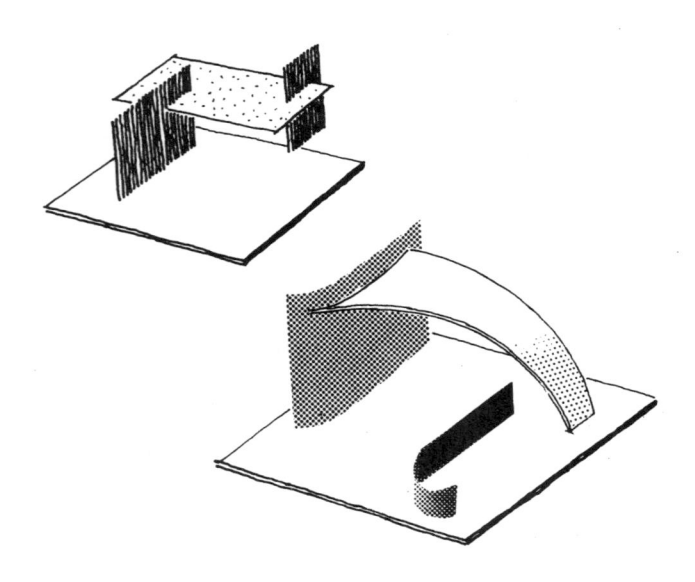

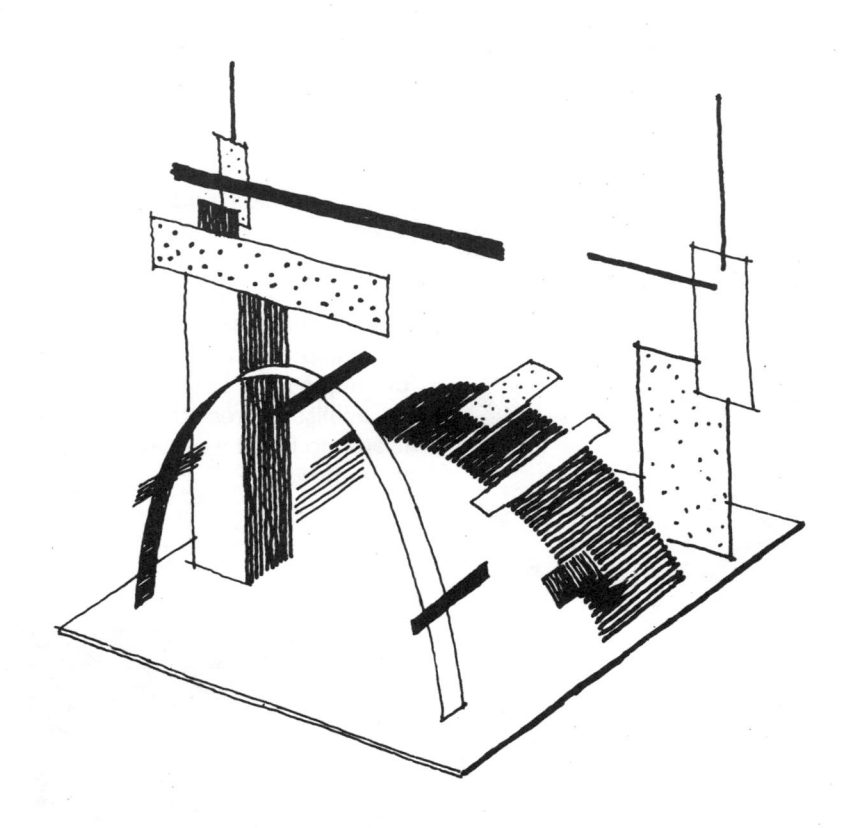

A Combinatória não é a única fonte de alternativas para os projetos. Talvez seja a mais rica e mais fértil; de modo algum a única. A nossa mente possui um repertório de operações que são conhecidas desde a Grécia Antiga, como dissemos no capítulo 6.

Vamos relacionar algumas destas *operações mentais* e aplicá-las em exercícios. Convém deixar claro a inexistência de uma gradação de dificuldades de concepção ou de utilização na prática, quer profissional, quer pedagógica, desta seqüência.

## SIMPLIFICAR

É, aparentemente, uma operação simples. Mas a sabedoria popular diz que "complicar é fácil e todo mundo sabe; difícil é simplificar".

Vamos experimentar com objetivos comuns: desenhar o essencial e

eliminar o acessório, as fricotagens, as complicações. O corte do supérfluo leva a uma forma franca e definida, onde somente o essencial permanece.

O processo serve de apoio para exercícios combinatórios, mostrado em páginas anteriores, pois leva à expressão mais simples da forma que será, então, classificada, analisada, redistribuída, manejada no papel e no vocabulário da memória.

## SUBSTITUIR

Do mesmo modo que o favelado substitui a carne por pão dormido é possível substituir um elemento por uma forma aproximada. Cabe à intuição encontrar esta aproximação. A analogia de formas é de extrema utilização no desenvolvimento da criatividade, como no próprio ato de projetar.

Inúmeros exercícios podem ser propostos.

Representar letras ou números por meio de objetos:

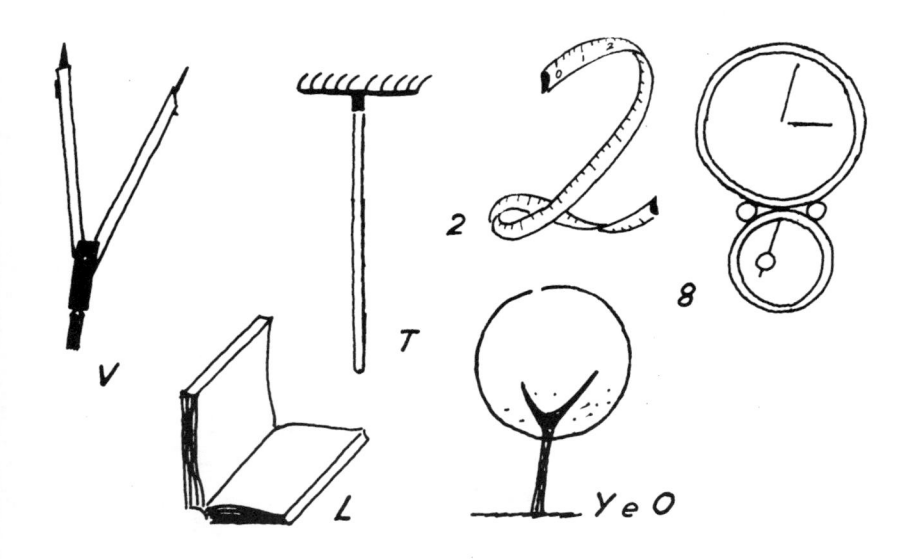

V

T

L

2

8

Y e O

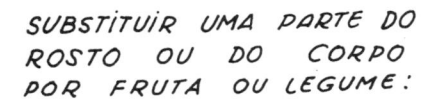

SUBSTITUIR UMA PARTE DO
ROSTO OU DO CORPO
POR FRUTA OU LEGUME:

Em Arquitetura, Desenho Industrial e Comunicação Visual pode-se fazer a substituição de volumes de um projeto.

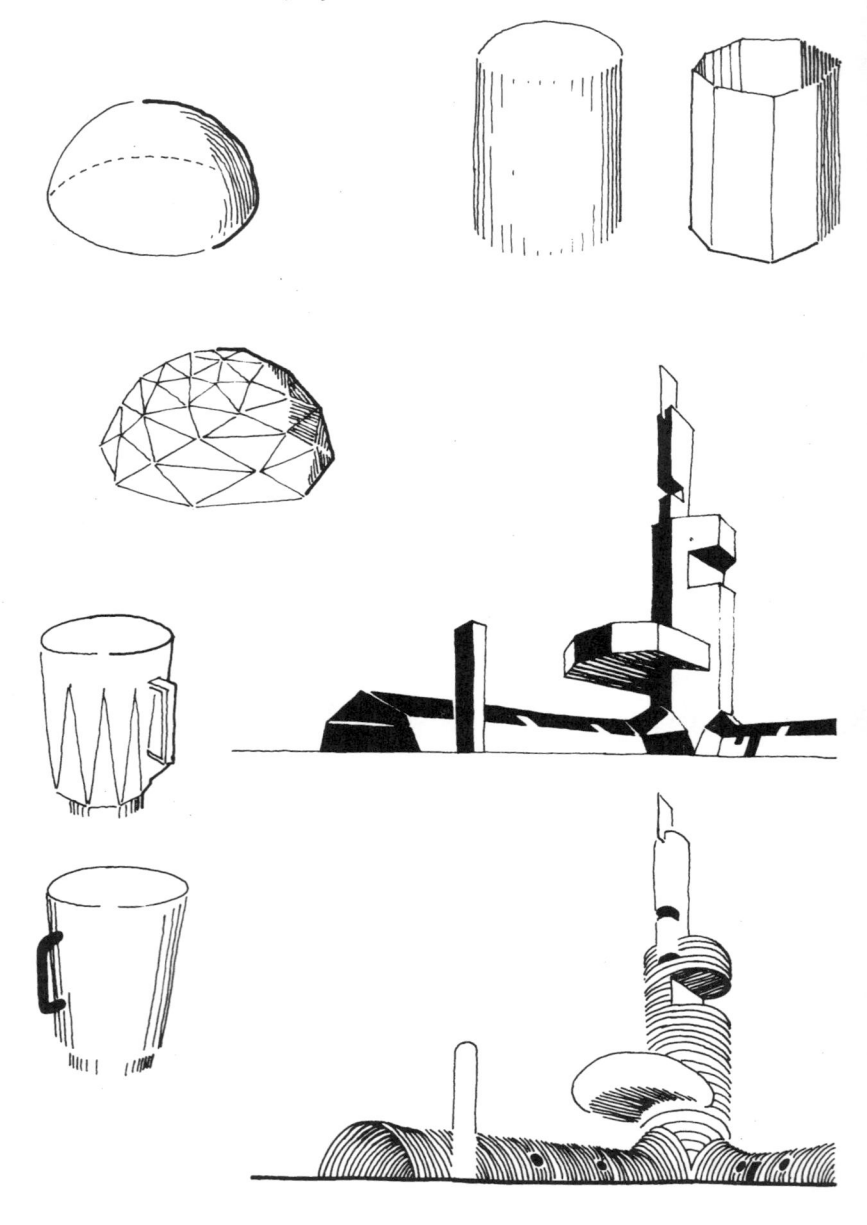

Podemos substituir a face de um cubo por uma calota esférica saliente ou um cone reentrante. O exercício toma outra configuração quando o estudante é solicitado a compor um sinal gráfico e a enquadrá-lo em uma malha reticulada. A malha permite a transposição do sinal gráfico desenhado no plano para a face deformada do cubo.

A capacidade de expressão gráfica em perspectiva é levada a alto grau por meio deste exercício. Deve-se, porém, ter o cuidado de evitar desenhos pequenos que podem ocultar o problema da representação.

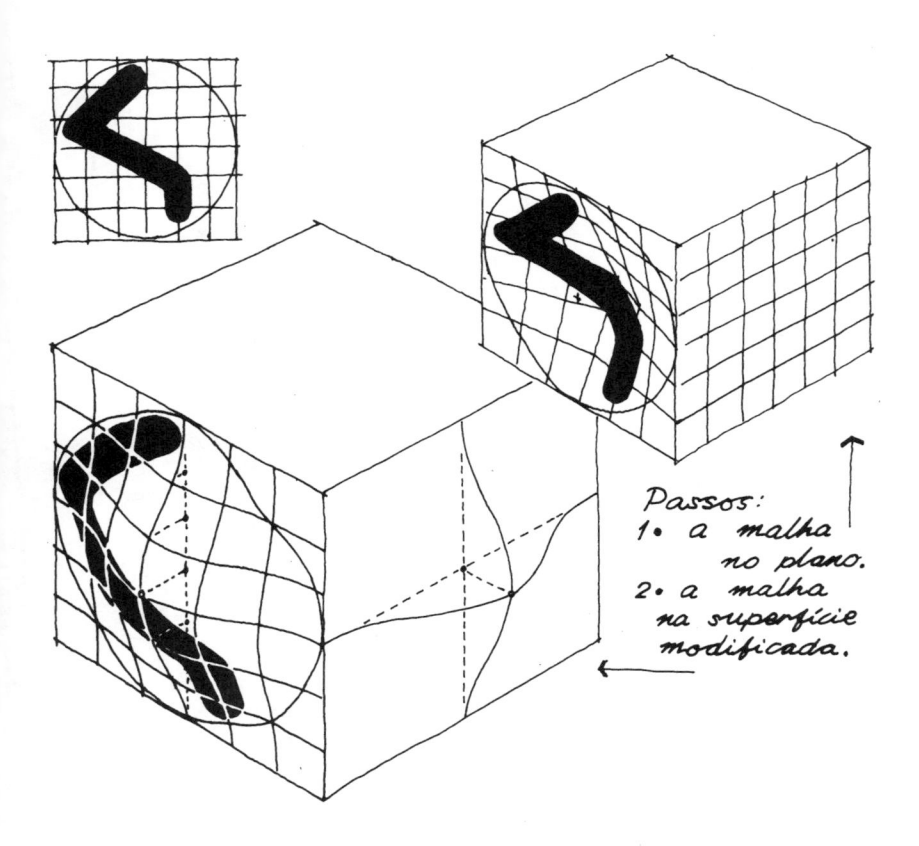

*Passos:*
*1. a malha no plano.*
*2. a malha na superfície modificada.*

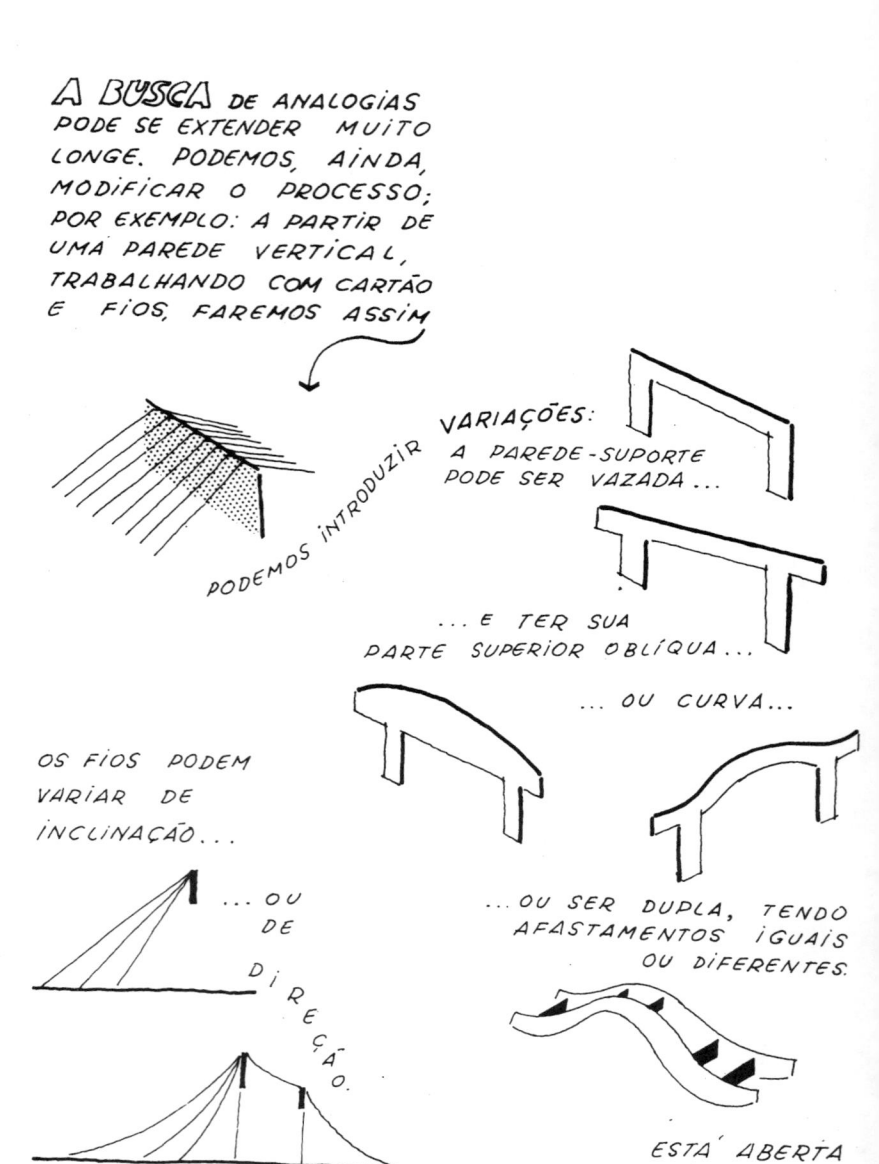

△ BUSCA DE ANALOGIAS PODE SE EXTENDER MUITO LONGE. PODEMOS, AINDA, MODIFICAR O PROCESSO: POR EXEMPLO: A PARTIR DE UMA PAREDE VERTICAL, TRABALHANDO COM CARTÃO E FIOS, FAREMOS ASSIM

PODEMOS INTRODUZIR VARIAÇÕES:
A PAREDE-SUPORTE PODE SER VAZADA...

... E TER SUA PARTE SUPERIOR OBLÍQUA...

... OU CURVA...

OS FIOS PODEM VARIAR DE INCLINAÇÃO...

... OU DE DIREÇÃO.

... OU SER DUPLA, TENDO AFASTAMENTOS IGUAIS OU DIFERENTES.

ESTÁ ABERTA A BUSCA DE ALTERNATIVAS. AGORA BASTA LIGAR O MOTOR DA IMAGINAÇÃO. VEJA ALGUMAS IDÉIAS DE ALUNOS NA PÁGINA SEGUINTE.

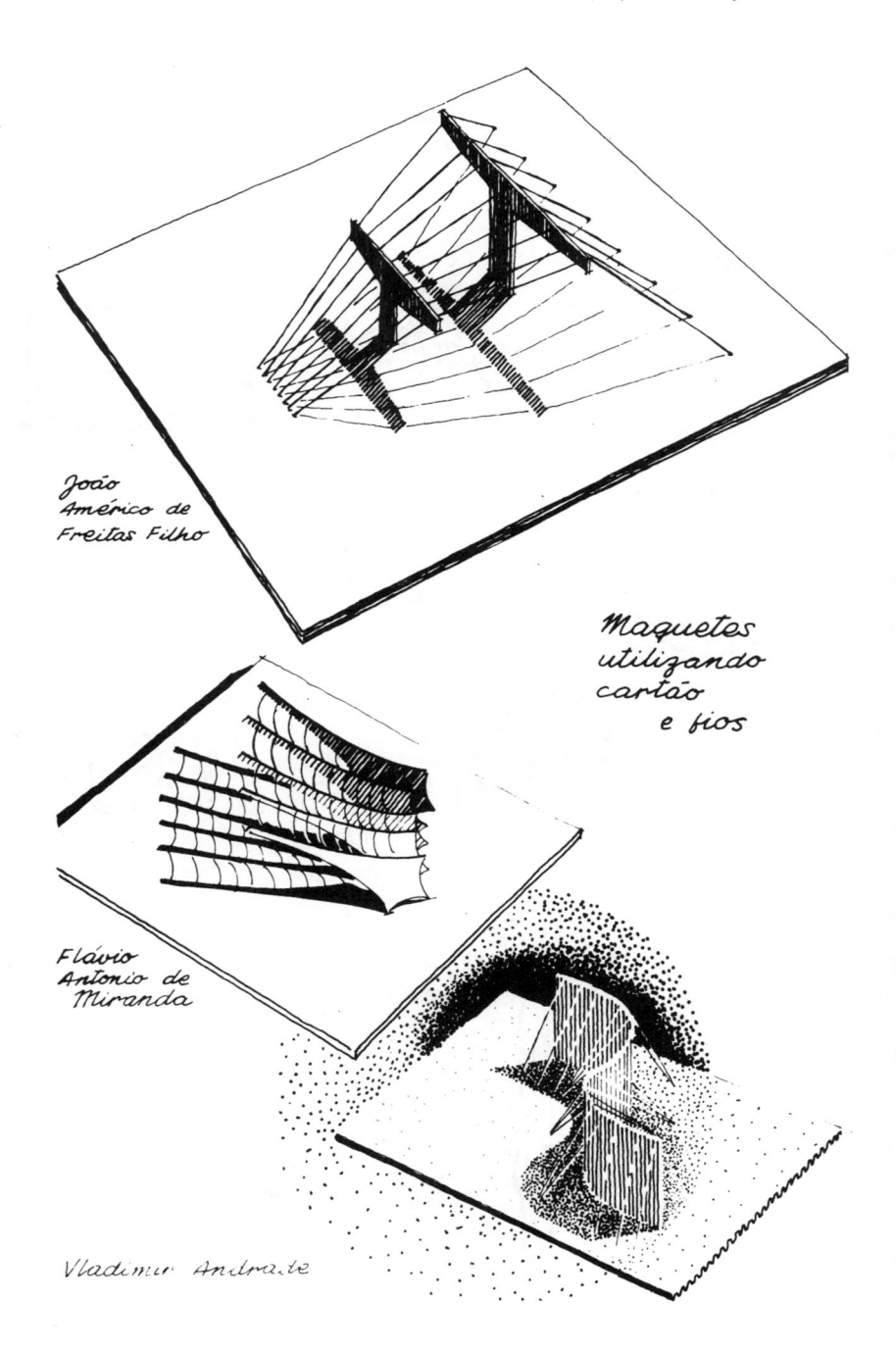

João
Américo de
Freitas Filho

Maquetes
utilizando
cartão
e fios

Flávio
Antonio de
Miranda

Vladimir Andrade

UM OUTRO EXERCÍCIO É A PROCURA DE

## ANALOGIA DE FORMAS

OBJETOS COM 2 CÍRCULOS

OBJETOS ESFÉRICOS

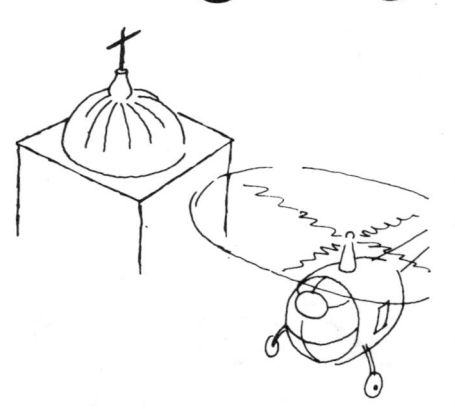

OBJETOS CÔNICOS

PODEMOS ESTABELECER

ANALOGIAS NÃO FORMAIS

POR EXEMPLO:
RELACIONAR
O HOMEM E
UMA CONSTRUÇÃO.

AS RESPOSTAS QUE SE
SEGUEM FORAM OBTIDAS
EM UM CURSO DE FÉRIAS.

## Semelhanças

A janela representa os olhos e ouvidos do prédio.
A roupa (ou a pele) do edifício é o seu revestimento.
Os canos são as artérias do prédio.
O esgoto é o aparelho excretor do prédio.
Os pilares são as pernas do edifício.
As fundações correspondem ao pé do homem.
A estrutura é o esqueleto da construção.
Os tijolos são as células da construção.
A construção e o homem precisam de equilíbrio e de apoio.

## Diferenças

O homem vive; o prédio é inerte.
O homem pensa, o prédio não.
O homem anda; o prédio é imóvel.
O homem se faz em 9 meses; o prédio pode demorar.
O homem dura menos do que o prédio.
Um é abrigo, o outro é abrigado.

Respostas coletadas entre os alunos Tarciso Rocha,
Helga Rossana Rego da Silva, Flávio Antônio de Miranda Souza,
Vladimir Andrade e Fernanda Pacheco.

## ESTRUTURAR

As espécies vegetais e animais são riquíssimas em estruturas formadas, em geral, por elementos articuladas. Uma análise da estrutura — tarefa a que vêm se dedicando muitos projetistas europeus — deve deixar claro um certo tipo de relação que liga o todo e as partes. Não se trata, aqui, da idéia de estrutura relacionada com a estabilidade, as tensões e compressões físicas que ocorrem na obra executada.

Dito por outras palavras: estruturar é procurar o esquema diretor que liga o todo e as partes.

A *BIÔNICA* procura, em analogias na natureza e com processos da Criatividade, soluções para problemas técnicos.

No reino vegetal as relações são mais perceptíveis, quer se trate de árvores, de folhas ou de frutos. Isto significa que na medida em que o ser é mais complexo existe uma perda de simetria e "quanto mais parecidas são as partes entre si, menos aperfeiçoada é a forma de vida". Foi o que disse Goethe, em tradução não literal.

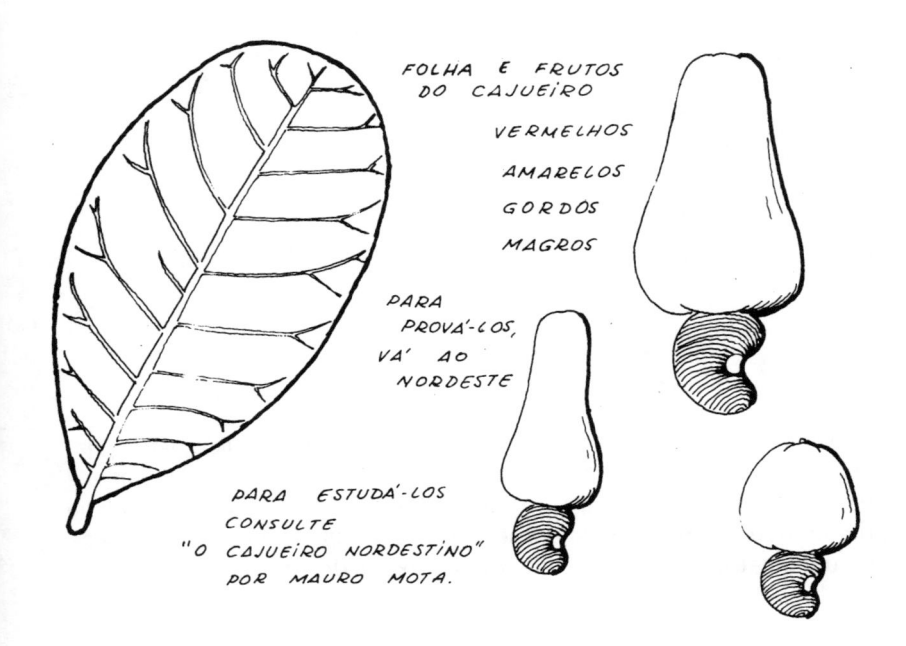

FOLHA E FRUTOS
DO CAJUEIRO

VERMELHOS

AMARELOS

GORDOS

MAGROS

PARA
PROVÁ-LOS,
VÁ AO
NORDESTE

PARA ESTUDÁ-LOS
CONSULTE
"O CAJUEIRO NORDESTINO"
POR MAURO MOTA.

Nas artes plásticas o exercício será adaptado para o estudo de formas existentes, analisando um projeto específico por meio de fotografias e por sua representação em plantas, cortes e vistas. A partir destas figuras fazer cortes, vistas, perspectivas de interiores e de exteriores modificando a posição do observador (deslocamento para a direita ou esquerda, mudança de altura). Pensar, também, em alterar as cores ou os materiais.

Um exercício simples e que costuma dar bons resultados é o da complementação de um grafismo.

POR EXEMPLO:
É' DADO
ESTE SINAL
OU DESENHO
A FIM DE
SER
COMPLETADO
POR UMA
COMPOSIÇÃO.

As instruções são estas: 1 - O sinal não pode ser destruído, isto é, necessariamente ele fará parte do desenho final. 2 - A composição será a expressão de um volume ou uma perspectiva e não uma figura fície plana ou um quadro. Pode-se acrescentar que o volume será uma edificação ou um objeto: aquilo que estiver mais próximo do interesse profissional.

NA PÁGINA SEGUINTE:
MAIS INSTRUÇÕES PARA
ESTE EXERCÍCIO.

\* SOCORRO!
NUNCA PULEI
DE PARAQUEDAS
MARCEL CAVALCANTI DA COSTA

RENATO B. MENESES

*JUAN RICARDO*

Outros cuidados a serem tomados com este exercício referem-se à escolha da forma inicial: ela deve ser simples e *não significante*.

Após copiado o sinal básico, o papel poderá ser girado para a posição horizontal, de cabeça para baixo ou em posição oblíqua. Outros sinais propostos:

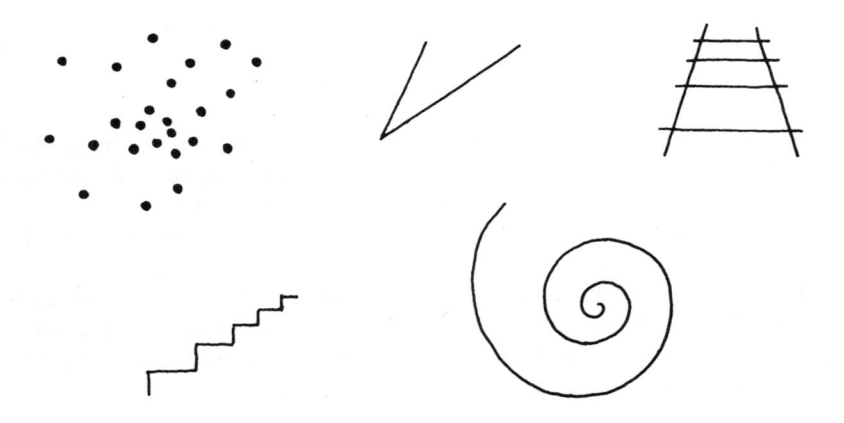

## MUDAR A ORDEM

Criatividade é, em última análise, transformar. O mundo pode ser transformado pela mudança da ordem.

Crianças adoram brincar com miniaturas: é uma mudança de escala que rompe, pela imaginação, os valores do mundo real. A rutura pode, também, ser feita no sentido inverso: o gigantismo, como acontece com Guliver e com a mente do governante, dá um poder fictício que, no caso da Arte, merece ser aproveitado.

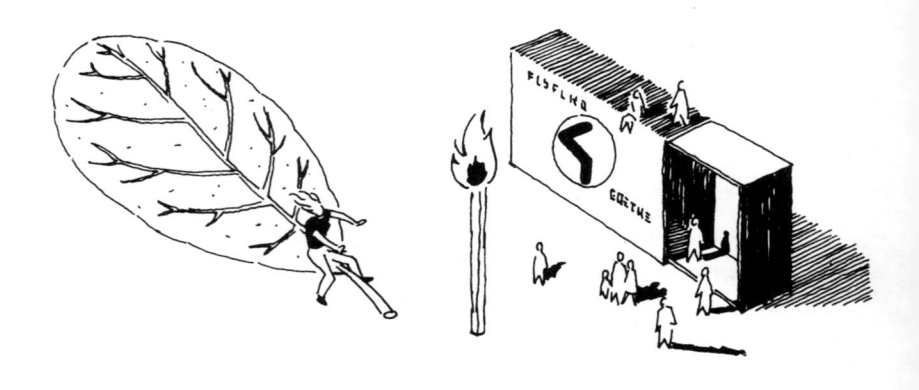

Como a barata vê o interior de um ônibus? Qual a visão do mosquito pousado no teto da sala? Como a formiga, sobre a mesa, vê os alimentos e utensílios? Como o astronauta vê a imensidão do cosmo?

Um supergigante poderia andar no centro da cidade sem destruí-la? Onde e como dormiria?

O que ocorreu na lenda com o nariz de Pinóquio dá margem a muitos exercícios. Podemos alongar ou encurtar as coisas modificando suas proporções. O pneu balão do automóvel ou o finíssimo de bicicleta de corrida são exemplos de aplicações do mundo real.

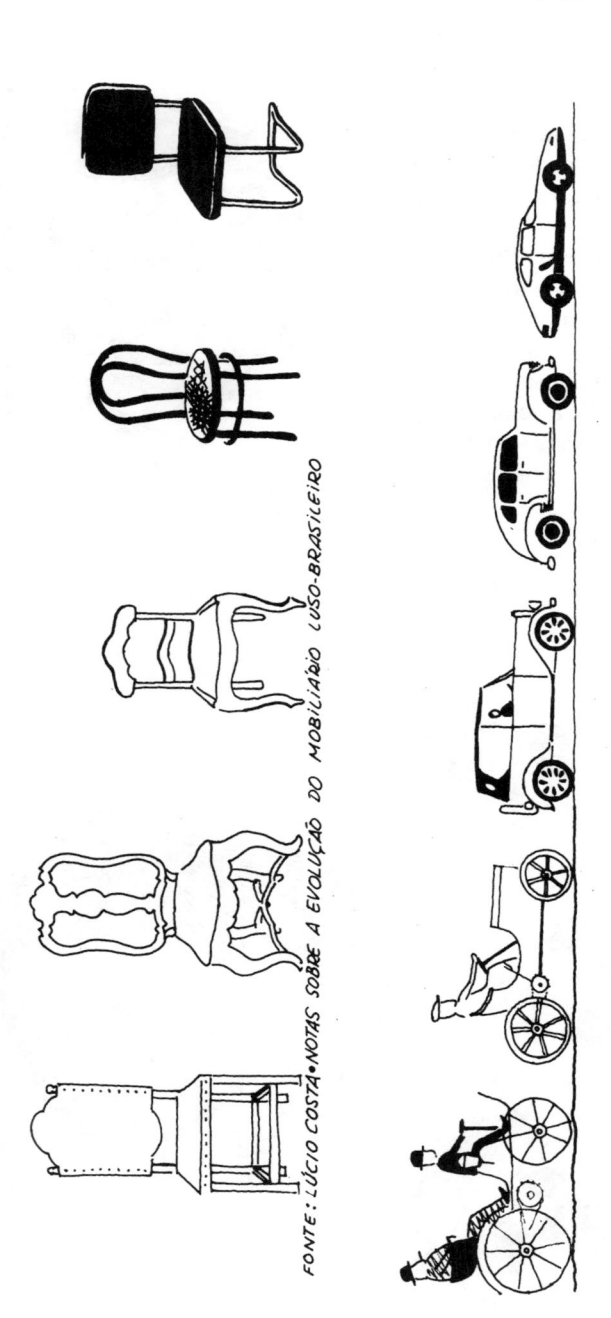

FONTE: LÚCIO COSTA • NOTAS SOBRE A EVOLUÇÃO DO MOBILIÁRIO LUSO-BRASILEIRO

O mundo real está sujeito a transformações ao longo do tempo. Funções e formas não são estáveis; elas sofrem mudanças: ora rápidas, ora lentas, mas constantemente... sempre.

(Nesta página mudamos o sentido da leitura).

A figura ao lado é uma interpretação livre de um trabalho do desenhista holandês M.C. Escher, artista de notável criatividade e que merece ser conhecido. O autor mostra o interior/exterior em uma síntese rara e diferente.

O conceito de interior/exterior — tão caro aos arquitetos de hoje — pode ser estendido a outros casos. Imaginamos, para começar, um cubo vazio e de paredes finas providas de aberturas. Fixada esta idéia podemos solicitar que ela seja aplicada a volumes quaisquer e com aberturas diversas. Aş figuras que se seguem são desenhos de alunos.

ORIGINAL : M.C. ESCHER · 1955 / CÓPIA: GILDO

© M.C. Escher c/o Cordon Art-
Baarn - Holland

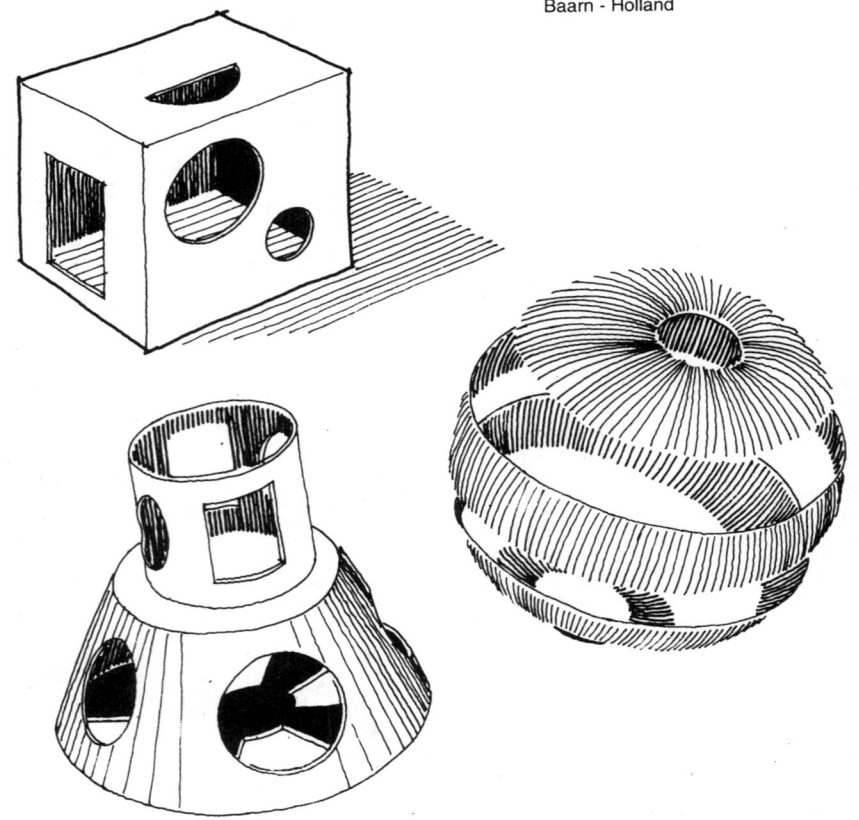

Até aqui apenas dimensões e proporções foram alteradas. Entretanto, a propriedade de um objeto pode ser modificada pelo imaginário. O concreto (armado ou não) pode vir a ser poroso (como o miolo do pão), a cadeira pode se tornar flexível, os óculos amoldar-se ao rosto (os óculos de natação, a lente de contato), etc. A imaginação não tem limites. Apenas os que nós mesmos colocamos.

Podemos pensar em mudança de materiais. Por que não uma casa feita todinha de queijo, um barbeador de madeira, uma panela de tecido, e por aí vai. A imaginação leva ao maravilhoso. Como também a descobertas e invenções.

O automóvel de fibra de vidro, o foguete de pastilha de cerñica, o motor turbo, o chip do computador em lugar de válvulas foram mudanças profundas.

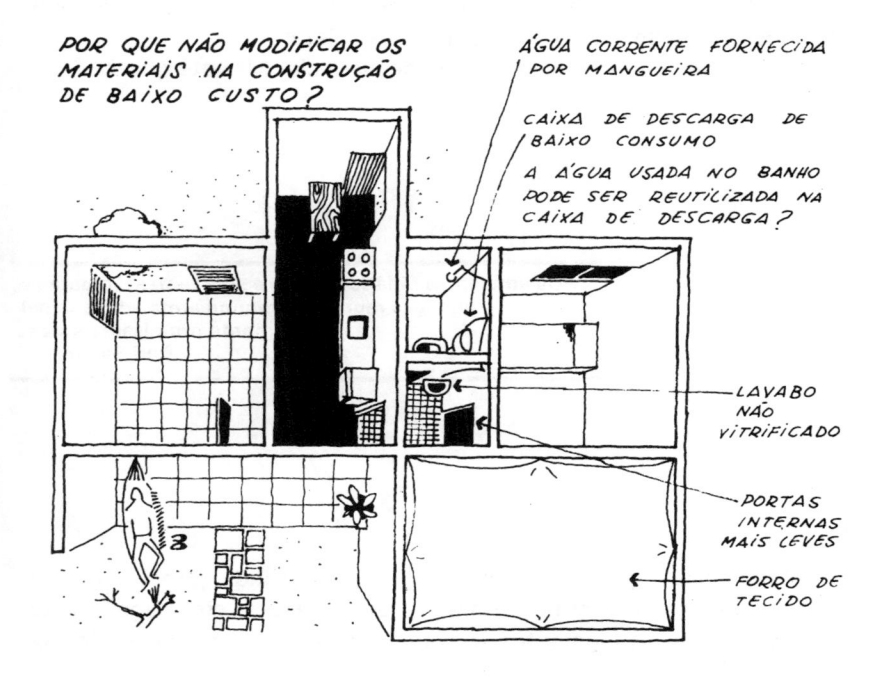

Recebemos de graça uma quantidade sempre renovada de energia solar... que desperdiçamos em sua maior parte. Para não falar nos que se queixam do calor! Entretanto essa energia pode ser aproveitada, quer diretamente sob forma de calor, quer indiretamente, transformada em eletricidade. O calor do sol pode ser usado a fim de aquecer água para usos diversos ou para fazê-la subir até uma caixa dágua elevada. Ou pode o calor ser concentrado por meio de refletores parabólicos. A tecnologia é simples; mais difícil é fazer a população aceitá-la. Por outro lado, a transformação da energia solar em eletricidade é, no momento, uma tecnologia em desenvolvimento.

A utilização da energia do vento é outra tecnologia aperfeiçoada, simples e barata. Imagino os prédios de apartamentos com coloridos cataventos no alto.

A transformação dos detritos humanos e vegetais em gás poderia resultar em tremenda economia, não apenas pelo uso da energia, como pela redução das redes de esgoto, uma vez que o material seria coletado em depósitos fermentadores e decompostos em gases, em adubos e em líquidos. Somente estes iriam para a rede coletora.

Parece que somos a civilização do desperdício. Mas até quando?

> • Os ambientes didáticos ricos e sem repressão para as crianças representam uma arma educacional notavelmente promissora e rica.
> Carl Sagan

Muita coisa que é jogada fora pode ser aproveitada: jornal velho, galhos de árvores, tampas de garrafa, copos de plástico, embalagens diversas, canudos de refrigerantes, cordão, botões, tudo isto pode ser trazido para a sala de aulas.

Com cola, faca, tesoura e imaginação, o aluno pode criar uma composição volumétrica a partir do material de refugo. O exercício tem o objetivo de liberar a iniciativa e a criatividade.

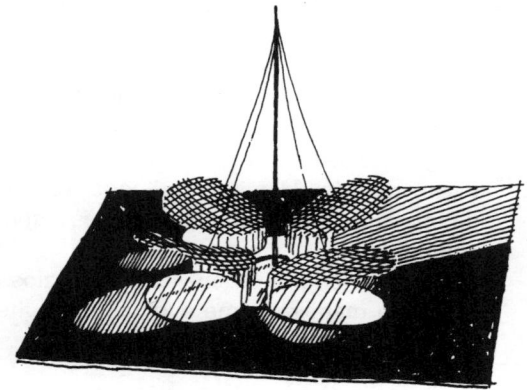

*Maquetes feitas com material refugado*

*Gisele Carvalho*

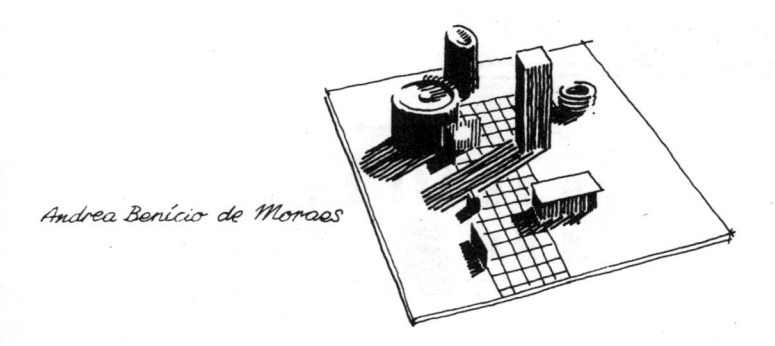

*Andrea Benício de Moraes*

*João Américo de Freitas Filho*

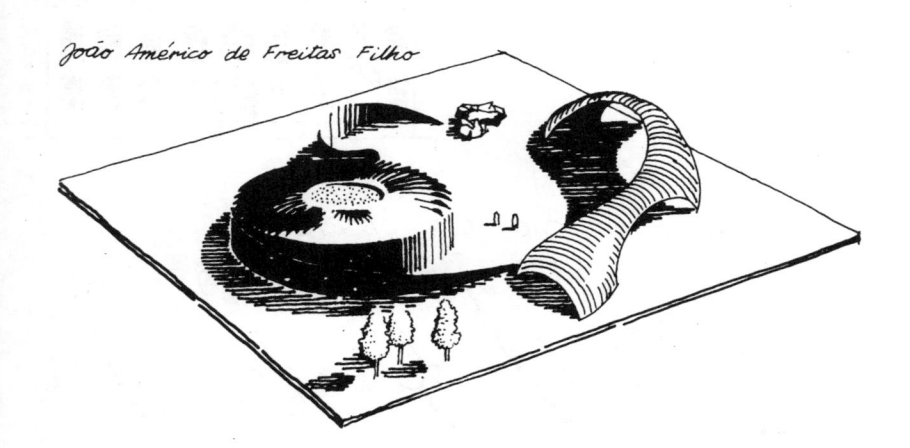

O que aconteceria se virássemos as coisas pelo avesso? Casa, roupa, automóvel, objetos...

Percebemos das coisas a sua forma, o recipiente externo. O espaço exterior da imagem, o seu entorno, é visto como vazio e sem atração. Mas a parte "negativa" pode fornecer uma visão nova, outros significados.

Isto nos lembra os cheios e os vazios e a própria maneira como evoluiu a Arquitetura...

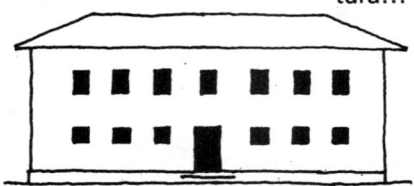

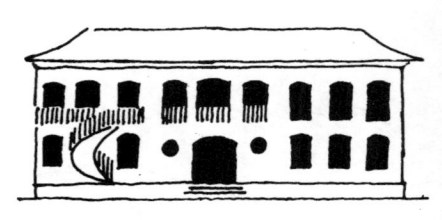

... A TRANSFORMAÇÃO DOS OBJETOS

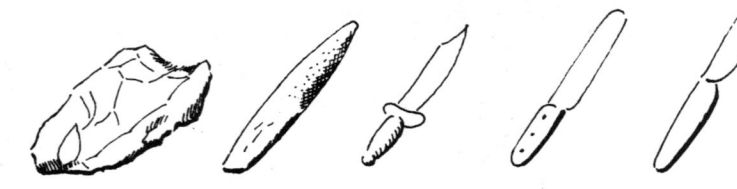

*Podemos
imaginar uma
FORMA BÁSICA ou*

**ACRESCENTAR**

**MÓDULO**...

*... que se repete
por simetria...*

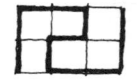

*... gerando uma faixa.*

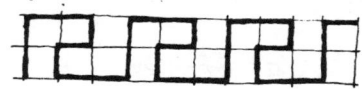

*O módulo hexagonal
pode ocupar uma
faixa...*

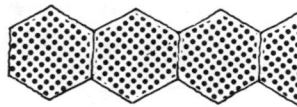

*... ou invadir o plano
em várias direções.*

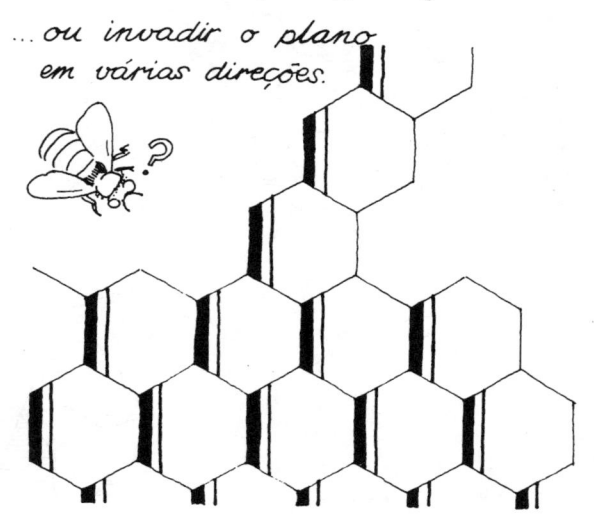

Existem infinitos
MÓDULOS ou padrões,
criados livremente
ou submetidos a
regras prefixadas.

Uma malha básica...

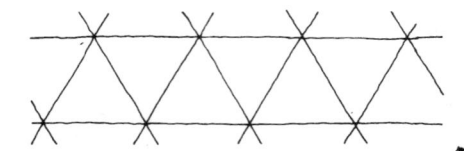

...dá origem a
muitas alternativas.

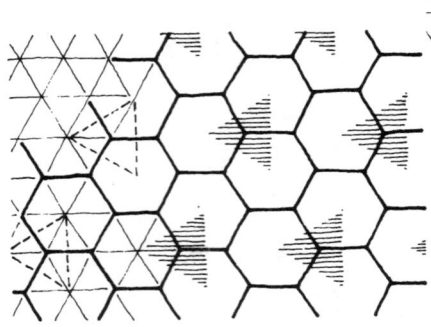

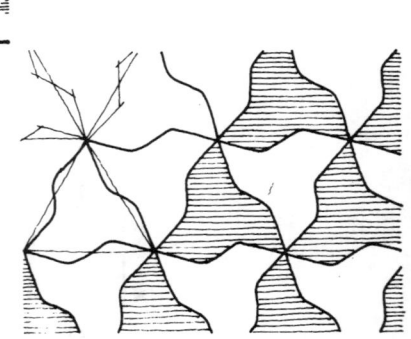

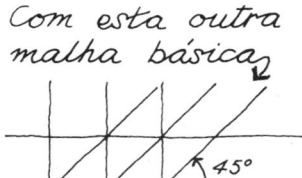

Com esta outra malha básica...

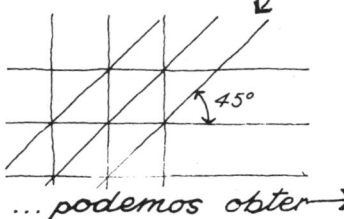

45°

... podemos obter →

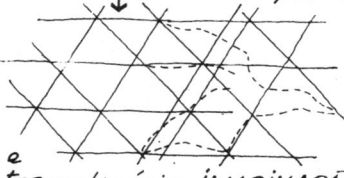

Com esta malha simples...

... e extraordinária IMAGINAÇÃO M. C. Escher oferece outro exemplo ↘

A repetição pode ser UNIFORME, como nos exemplos anteriores ou PROGRESSIVA

FILOTAXIA É O ESTUDO DA DISPOSIÇÃO DAS FOLHAS NOS RAMOS DAS PLANTAS.

Do tronco partem 3 ramos e cada galho é 1/3 menor e mais delgado que o anterior.

O ângulo → é constante; aqui, 60°.

Observe a forma espiralada do crescimento. ampliada ← aqui.

PODE HAVER MAIS DE UM MÓDULO:

A RIQUEZA DE UMA COMPOSIÇÃO NÃO DEPENDE DA QUANTIDADE DE MÓDULOS. UM MÓDULO ÚNICO, →
AO MUDAR DE POSIÇÃO, PODE GERAR MUITAS FIGURAS.

(B. MUNARI)

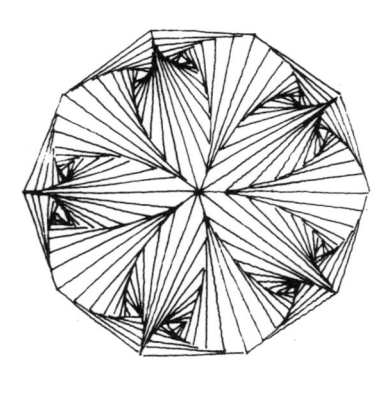

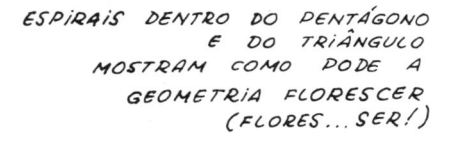

ESPIRAIS DENTRO DO PENTÁGONO E DO TRIÂNGULO MOSTRAM COMO PODE A GEOMETRIA FLORESCER (FLORES... SER!)

Com os dois módulos abaixo, colocados em disposições diversas, criados pelo físico Roger Penrose, obtemos muitas alternativas.

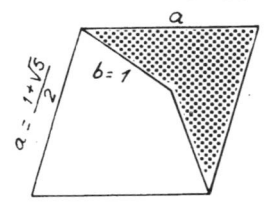

$a = \dfrac{1 + \sqrt{5}}{2}$

$b = 1$

Notar a razão áurea entre os segmentos $\underline{a}$ e $\underline{b}$.

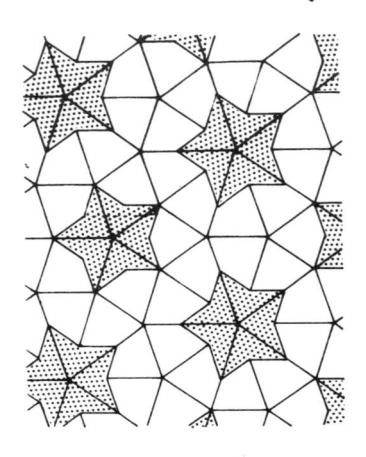

ACIMA, UMA SOLUÇÃO REGULAR, PERIÓDICA, ROTINEIRA, TALVEZ.

AQUI, UMA FAIXA DUPLA DÁ ORIGEM A UM DESENHO FAMILIAR NA COMPUTAÇÃO GRÁFICA: É O CHAMADO

**JOGO DA VIDA**

QUE, POR SUA VEZ, NOS FAZ LEMBRAR AS FIGURAS DA GEOMETRIA FRACTAL.

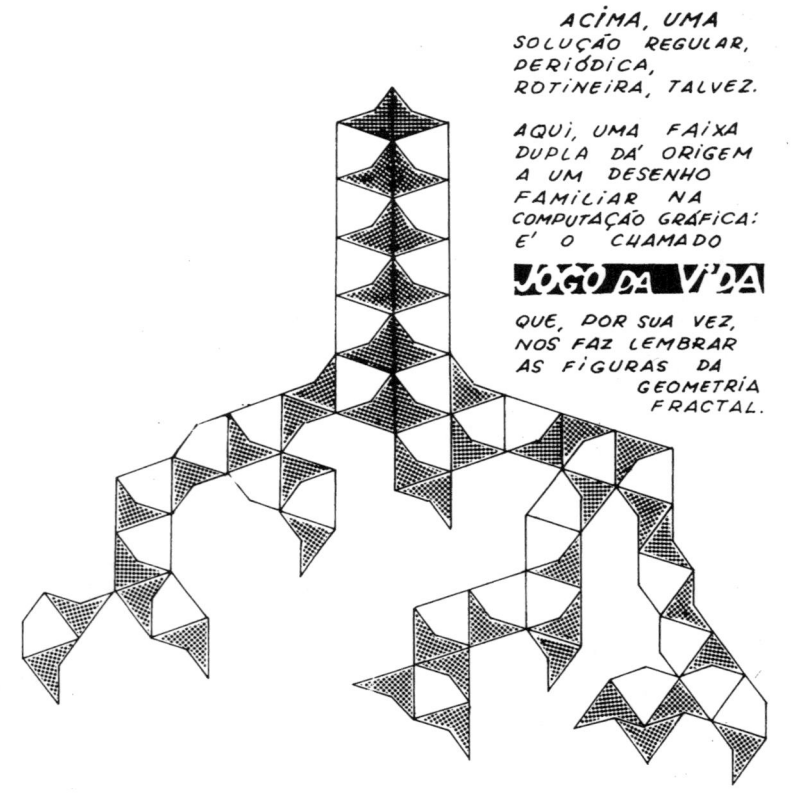

Penrose apresentou esta distribuição NÃO PERIÓDICA dos dois módulos. Pode parecer, à primeira vista, uma simples brincadeira com figuras geométricas. Mas a pesquisa levou à determinação de uma 3ª FASE DA MATÉRIA, intermediária entre a distribuição irregular das moléculas do vidro e a estrutura inteiramente geométrica e periódica das moléculas do cristal. O que virá da junção da Geometria com a Física Teórica?

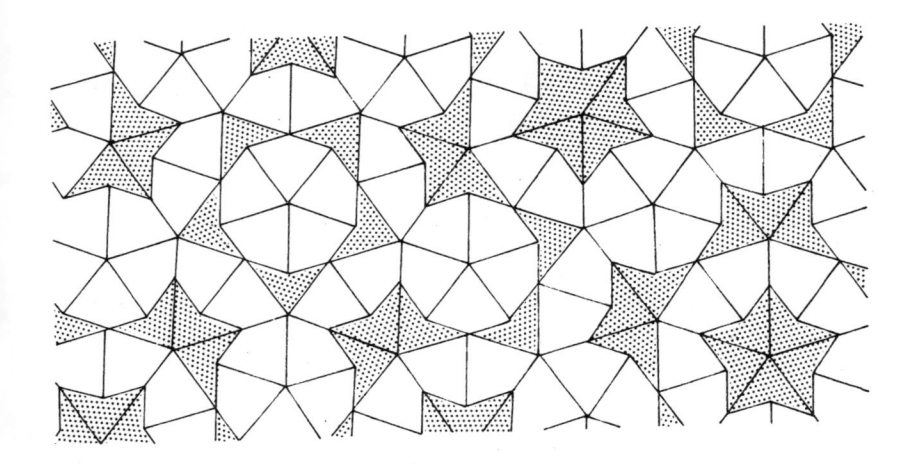

---

• Quando os homens não compreendem seu próprio trabalho não podem compreender o trabalho dos outros.
Bronowski

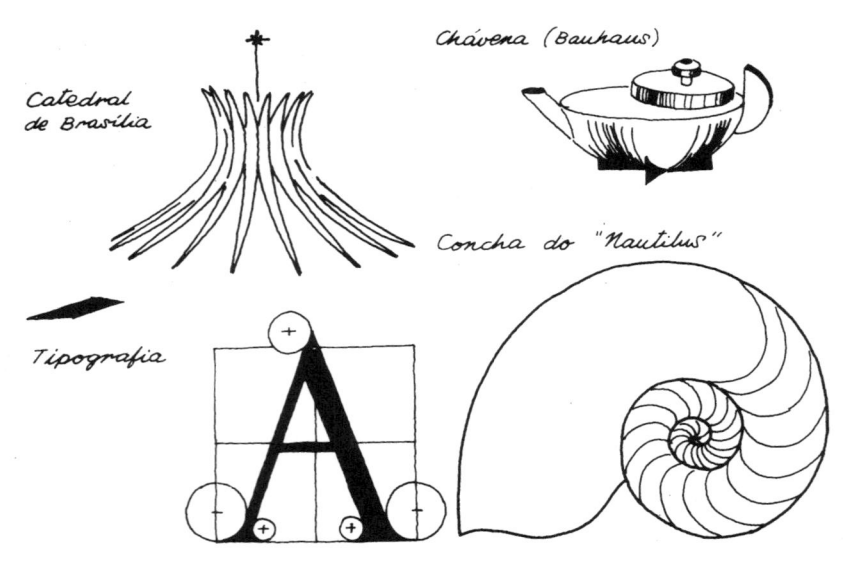

Percebido ou não, o MÓDULO é uma presença constante. Em mosaicos, na Arquitetura Antiga e na de hoje, nos objetos, na Natureza, nas marcas de produtos comerciais e industriais. O alfabeto é modular, os números são modulares, a televisão é modular (pontos alinhados) o computador é modular, nosso cérebro também (um arranjo de neurônios). Células, moléculas, átomos, prótons, nêutrons são modulares. O Universo inteiro é modular!

O módulo é a matéria do projeto.

Matéria para ser trabalhada pela imaginação, pelo sonho, pela criatividade, fugindo do caminho bitolado e conhecido, procurando soluções novas, arranjos inovadores... com calma! Dizem os sábios que nem os deuses nem os homens moldam livremente a argila; apenas fazem os tijolos.

## MODIFICAR

"Isto me deu uma idéia". Quantas vezes dissemos ou ouvimos esta expressão? Qualquer coisa pode ser o ponto de partida para uma transformação.

Podemos partir de um produto existente e fazer transformações sucessivas até chegar a um segundo objeto livremente escolhido. Nos exemplos que se seguem, solicitamos que a idéia geral dada como ponto inicial sofresse alterações graduais, passo a passo, até chegar à sua forma final.

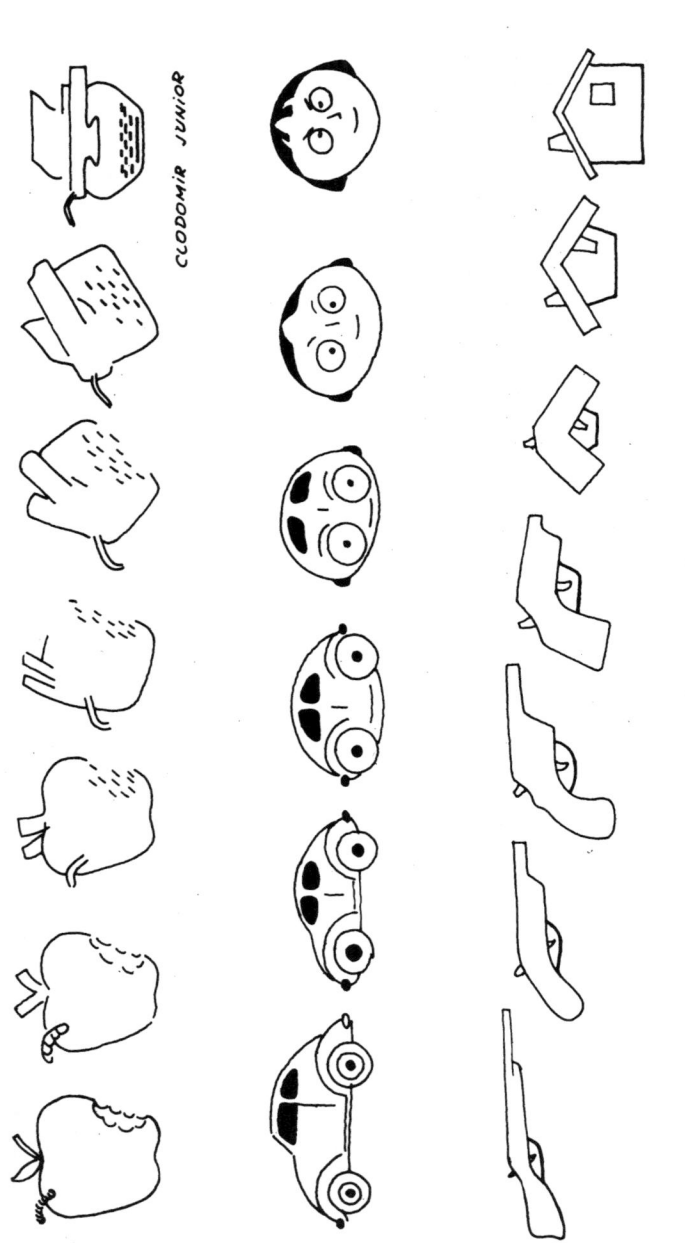

CLODOMIR JUNIOR

AS FIGURAS MODIFICAM-SE,
PASSO A PASSO,
ASSUMINDO FORMAS
QUE PARECERIAM ANTES
INCOMPATÍVEIS.

No exercício que se segue o objetivo é a formulação de alternativas para um projeto.

Consideramos uma laje de contorno qualquer e apoiada sobre pilotis. O exercício consiste em propor formas arquitetônicas para uma circulação vertical que fará a ligação do pavimento térreo à parte superior da laje.

Poderemos lembrar que as soluções básicas são:

— escada
— elevador e
— rampa. Pareceu-nos preferível que o aluno elegesse uma delas e fizesse esboços de formas alternativas.

Tornamos a lembrar que o objetivo, nesta etapa, é lançar no papel a *maior quantidade* de soluções.

Num passo seguinte poderemos propor a avaliação das soluções e a escolha da melhor delas.

Nossa lista de operações mentais e de exercícios está longe de ser esgotada. Preferimos, nesta altura, deixar que o leitor descubra ou invente outros, inclusive com recursos até aqui não utilizados.

---

• Leia todos os dias alguma coisa que ninguém esteja lendo. Pense todos os dias em alguma coisa em que ninguém esteja pensando. Faça todos os dias algo que ninguém teria a loucura de fazer. Não há nada pior para o espírito do que fazer sempre parte da unanimidade.
**Cristopher Morley**

# 10. O Indivíduo Criativo

Tão evidente como o desconhecimento geral da criatividade é a rarefação de trabalhos sobre o assunto. Este, certamente, não é pioneiro e de modo algum pretende ser um apanhado geral, muito menos, sistemático sobre a criatividade. Esta obra, ao lado de divulgar as nossas animadoras experiências sobre a introdução da criatividade no ensino de Artes Plásticas aplicadas, pretende ser um grito para salvar a boiada, melhor dizendo, um sinal para os vaqueiros começarem a agir antes que haja o estouro.

Confio em meus colegas vaqueiros e, mais ainda, na qualidade do gado. A convivência com ambos, professores e alunos, o estímulo de todos quantos participaram de meus cursos, me animou a passar para o papel estas experiências, talvez pioneira entre nós.

Os colegas de ensino, em particular os de Desenho e de Projeto, poderão dar nova orientação aos seus cursos, assim como espero que os leitores possam tirar real·proveito desta leitura.

Devemos reconhecer, com lealdade, que não dispomos hoje de um conjunto coerente, científico e completo de conhecimentos sobre a criatividade. Como não dispomos dele em Psicologia, nem em Ciências Sociais. A rigor, talvez em nenhuma Ciência Aplicada. A Ciência está sempre em em mutação, em progresso contínuo em busca da verdade. Há até quem diga que a Ciência é a própria busca.

Entretanto, podemos afirmar que a Criatividade não é uma função mental e sim a manifestação de comportamentos desenvolvidos em resposta a uma determinada situação. Os pesquisadores não foram ainda capazes de analisar sistematicamente os efeitos das variáveis que atuam em seus aspectos externos (estímulos) e interno (percepção), muito menos em delimitar uma taxinomia dos problemas. Seria perigoso trabalhar a partir de conceitos hipotéticos?

No caso, não acreditamos nisso. Seria como se os Chineses fossem esperar pelo microscópio eletrônico antes de usar a pólvora. Será que o microscópio teria sido inventado? Quanto se teria perdido na espera!

Preferimos, como os chineses, abrir o caminho na frente dos pesquisadores, não depois deles. E os resultados que temos colhidos são os mais animadores.

A criatividade não é ainda, entre nós, a peça de uma ideologia, como já se percebe em países que descobriram sua potencialidade. Devemos divulgá-la e, simultaneamente, discutir o papel da escola, da empresa, do homem. É interessante notar que muitos dos pesquisadores cujas obras consultamos não recearam dizer que o assunto é envolvido por segredo de Estado em seus países. A Rússia não mais publica trabalhos sobre o assunto, apesar de possuir um instituto de estudos especiais sobre a Criatividade. Os Estados Unidos e a França somente publicam trabalhosa genéricos e teóricos sobre o assunto, escondendo processos e aplicações práticas. Seguramente isto não aconteceria se a Criatividade resultasse ineficiente ou inócua. No exterior, como entre nós, todas as indústrias de ponta ou novas guardam zelosamente seus segredos contra a espionagem industrial. A dos concorrentes e a do exterior. Isto todos sabemos; não é segredo.

O desenvolvimento da criatividde baseia-se em múltiplos fatores. Treinamento é um deles e o capítulo anterior está repleto de exercícios. Muitos autores apresentam as características do indivíduo criativo de modo a formar um perfil da pessoa criativa IDEAL, que provavalmente não existe. No entanto, as gradações dessas características estão em todos nós, variando apenas a dosagem dos traços.

## 1 - SENSIBILIDADE PARA PROBLEMÀSs

O indivíduo criativo percebe o incomum, o errado, o estranho, o promissor no mundo que o rodeia.

Ele nota as falhas nos processos e nas aplicações; as necessidades não atendidas de indivíduos ou coisas. Ao mesmo tempo sente uma compulsão para achar a solução dessas situações. O indivíduo criativo vê e observa, escuta e entende, usa as mãos para tocar e sentir. E, finalmente, age e *faz*.

---

• A ciência, como a arte, não é uma cópia da natureza; é uma recriação da mesma. É a unidade da variedade.
Bronowski

---

## 2 - FLUÊNCIA DE PENSAMENTO

É a capacidade que tem a pessoa criativa para gerar, rapidamente, uma grande quantidade de idéias. As associações de idéias, o relacionamento de fatos e pensamentos diferentes, a divisão do problema em pedaços, a junção destes pedaços em configurações novas, tudo isto mostra que o indivíduo criativo não se prende a categorias e classificações rígidas.

## 3 - FLEXIBILIDADE

Melhor dizendo: capacidade para mudar de ponto de vista. Não é que o indivíduo criador seja volúvel e sim que ele deve escolher e examinar os problemas sob enfoques amplos mas sem perder de vista o objetivo geral. Ele muda de marcha, de direção, de estratégia, de abordagem; adapta-se com rapidez a outras circunstâncias.

## 4 - ORIGINALIDADE

O adjetivo não é muito simpático mas define bem a situação:é a capacidade para dar respostas idiosincráticas. Complementando: é aquilo que reflete o temperamento do indivíduo, que faz com que ele veja, sinta e reaja de modo bem seu. É a geração de solução invulgares.

O indivíduo criativo tem boa vontade para com as idéias incomuns: as próprias e as alheias. É receptivo até para idéias malucas e extravagantes, ainda que as esqueça no momento adiante, se forem inúteis.

Ainda mais: ele está sempre alerta e aberto para perceber algo novo ou inesperado em tudo o que encontra.

O senso do maravilhoso, a pura alegria de viver é uma característica da criança, talvez o bem maior delas. Aquilo vai se extinguindo com a juventude e o adulto passa a ver o mundo cinzento. A rotina atrofia a capacidade de procurar e de descobrir, de imaginar audaciosamente, de experimentar coisas novas além da realidade.

A tragédia maior do adulto talvez seja a perda do sonhar acordado, da disponibilidade para a música e para a natureza. O dom de maravilhar-se é a primeira característica da criança que o adulto perde. A crisálida (criança) entra na adolescência e sai para a vida adulta como feio e duro besouro. Alguns são da espécie que o matuto nordestino chama de "embola-bosta". No indivíduo criativo, porém, aquela perda nunca chega a ser total.

## 5 - REDEFINIÇÃO DO MATERIAL

É também uma transformação do uso ou da função de um objeto. É adaptar um objeto ou parte dele para uma função que não lhe pertence. Como pode ser a junção de dois ou mais objetos que se transformam em outro. Pode, ainda, ser relacionada com a capacidade de ver o futuro: que novos usos se podem dar a uma cadeira velha?

## 6 - MOTIVAÇÃO

A ação criativa se caracteriza por necessidade forte, interesse agudo e desejo apaixonado de criar. Muitas vezes, urgência de enfrentar o desafio. E isto acontece independentemente da existência de pressões ou de incentivos externos. São os próprios sentimentos e idéias que alimentam a ação.

A preocupação com problemas é incessante. O indivíduo criador não conhece horário, nem relógio, muito menos o de ponto, e nem lugar. Ele pensa enquanto assiste a TV, enquanto vai à pesca, come ou se veste.

## 7 - AUTOCONFIANÇA

O leitor deve estar lembrado de que este livro injeta otimismo logo nas primeiras páginas. Isto é fundamentalmente necessário porque o indivíduo criativo vai encontrar todo tipo de crítica a partir do fato de querer ser diferente dos demais, pensando por si próprio. O homem criativo precisa ter extrema confiança em si mesmo e auto-suficiência bastente para desenvolver seu potencial criativo. Mesmo quando suas idéias não forem aprovadas pelos outros e nem pela experiência é preciso ir em frente, remar contra a maré até que as coisas voltem a dar certo.

Os jovens, em particular, precisarão de encorajamento e de reconhecimento mas devem estar avisados de que isto não ocorre com freqüência.

## 8 - AUDÁCIA

O nosso sistema de vida não favorece o salto no escuro das idéias. Pelo contrário, vivemos cercados de obstáculos por todos os lados, por cima e por baixo. Mas a imaginação pode romper as barreiras de acesso ao inconsciente, passando por cima de tabus, de preconceitos, de inibições que nos prendem ao solo estéril da lógica. Para criar é preciso por em dúvida até a lógica. Duvidar das leis físicas, dos preconceitos materiais e intelectuais da sociedade. Tudo deve ser posto em dúvida. E modificado ou alterado. Nada é absoluto, especialmente os objetos. O criador é um rebelde, um inconformado, um demolidor, antes de criar ou recriar uma nova e melhor ordem.

Faz parte do indivíduo criador a coragem de correr riscos, a disposição para a aventura, a vontade de quebrar temporariamente a rotina da vida, a ampliação das experiências e das atividades, a fuga dos hábitos solidificados. Abandonar a comodidade e arriscar-se envolve riscos, mas também promessas. Com estas atitudes o indivíduo criativo supera o medo e libera a imaginação.

## 9 - ISOLAMENTO

O ato criativo exige descontração. Ninguém consegue manipular pensamentos e idéias dentro da agitação do ambiente, das preocupações diárias, dos ruídos, das interrupções.

O indivíduo criador precisa de um ambiente isolado, tanto do ponto de vista de coisas como de pessoas. Deve, pois, ser capaz de conseguir o distanciamento psicológico dos outros sem que isto o leve à sensação de solidão e de isolamento. Este isolamento ou solidão, esta *quietude* é realmente necessária, porém *deve ficar limitada* às *retiradas* feitas para e *durante o momento criador*.

Portanto, não se elimina nunca o diálogo fora dos intervalos criativos, pois o isolamento prolongado murcha as fontes da imaginação ao retirar-lhe a discussão e a ação. Não se trata de alterar a idéia em gestação e sim de participar e partilhar a complementação dela.

A criação de idéias pode tomar longo tempo, particularmente a fase de coleta de dados e a definição objetiva do problema, de modo que o indivíduo criador deverá precaver-se contra o desânimo ou cansaço nessas ocasiões. É então que o diálogo com outras pessoas a quebra do isolamento, a distração ou "hobby" vem a ser essencial para eliminar a tensão da busca e criar a descontração essencial para fazer aflorar o inconsciente.

Existem, ainda, muitas outras características e métodos. Destes falaremos em seguida.

---

• O homem, a fim de ser integral, deve ser sempre um explorador das realidades interiores e exteriores. Sua vida é cheia de riscos, mas riscos que ele tem a coragem de aceitar porque, como explorador, ele aprende a confiar em sua capacidade para suportar, para vencer. O que significa falar de risco, coragem, confiança, tolerância e vitória quando se fala de máquinas?

Joseph Weisenbaum

---

# 11. Métodos Intuitivos

A Criatividade, como vimos, está sujeita a imensa variedade de condições. Para complicar ainda mais este quadro muita gente considera a imaginação como misticismo, e pouco ou nada científica. Não apenas o homem comum, mas pensadores como Descartes, Comte, Claude Bernard, Brunschwigg, Sartre, Bachelard. Felizmente há uma lista enorme de outros que defendem a imaginação como uma das capacidades do cérebro (não a menor): Freud, Jung, De Bono, Sperry, Einstein, Koestler, Bergson, Bronowski, Poincaré, Huxley, Rogers, Piaget, Sagan e outros.

Certamente não há uma teoria completa e precisa, como já afirmamos, mas ela funciona e muito bem. Tentaremos mostrar as linhas gerais lembrando, porém, que o conhecimento da Criatividade evoluiu constantemente.

1 - Existe um processo lógico para a invenção.
Ele é constituído por aquelas fases que descrevemos no capítulo 8 ou, muito resumidamente:
Fase 1 - Pesquisa de dados
    2 - Associação dos dados coletados para formulação de alternativas
    3 - Avaliação ou crítica das alternativas propostas e seleção de uma delas.
    4 - Expressão ou representação da proposta selecionada.

2 - O método de invenção é um só.
Não há diferença fundamental na criação, quer seja literária, filosófica, artística ou científica. O mesmo processo é válido para revolver problemas de comércio, de administração ou da vida pessoal.
Do mesmo modo que a metodologia que apresentamos tem base psicológica, ela possui também flexibilidade e grande alcance.

---

• **A discordância é a marca da liberdade, tal como a originalidade é a marca da independência de espírito.**
**Bronowski**

---

3 - A invenção se faz no inconsciente.
A investigação lógica é ponto de partida; a observação e a crítica são indispensáveis. Mas a maioria das soluções e as melhores delas, nasce num lampejo da intuição.

4 - É preciso desbloquear o inconsciente.

Ele está cercado por barreiras, tabus, preconceitos, inibições. Temos de sair da linha dos trilhos da lógica e mergulhar nas profundezas do inconsciente.

Somente *a audácia do espírito* é que *nos tira* da esterilidade *das estruturas aceitas*. Se limparmos as paredes de vidro do sistema veremos as coisas sob novo aspecto.

A demolição intelectual do mundo nos conduz a considerar os objetos como não absolutos. Daí sairão novos objetos, um mundo diferente, uma nova atitude. Quer dizer, então, que a demolição não será apenas intelectual.

5 - Inventar é uma paixão

O conhecimento da tecnologia e o raciocínio lógico não são elementos fundamentais na busca da invenção. Bem *mais importantes são os elementos afetivos*: a *engenhosidade* se combina com a *ingenuidade* num *clima de recreação* (de jogo, não de trabalho) e de *paixão e prazer*. Afinal, criar é um jogo refinado do espírito e é difícil conceber jogo em paixão, sem interesse.

O homem criador joga contra o mundo convencional. A imaginação joga num mundo de regras diferentes; a fantasia fica ao gosto de cada participante. A não ser assim as soluções serão as mesmas de sempre; bitoladas e sem saídas.

O indivíduo criador pode se ver momentâneamente enredado em um problema confuso e difícil, capaz de levá-lo ao ponto de desanimar, de ficar "cheio" e irritadiço até o instante em que encontra a solução: o momento sublime em que aparece uma ordem nova, a invenção. Lembrando do Bachelard: "O que é o homem? Dentro de sua nobreza intelectual é um ser que inventa".

6 - As melhores invenções não são de especialistas. O especialista conhece tudo de seu ramo: as teorias, as pesquisas, as técnicas. E isto geralmente leva-o a ficar fechado em seus conhecimentos. O conhecimento não basta. É preciso usá-lo e de modo criativo. Disse Einstein: "A imaginação é mais importante do que o conhecimento", e foi ele próprio um exemplo disto. Com uma bagagem matemática bem inferior à de Poincaré — o último homem que dominou todo o conhecimento matemático de seu tempo — Einstein formulou a Teoria da Relatividade que revolucionou a Física.

O indivíduo criativo não tem preconceitos intelectuais, nem medo do ridículo, nem da novidade. E permanece com a capacidade de maravilhar-se, de receber, mais do que de entender. Que adianta conhecer exaustivamente um assunto se isto levar a não ter idéias próprias?

> • Fazer a inteligência transformar-se naquela de nível mais elevado, superior, que tem o sentimento moral, o dom da discriminação e escolha que produzem a sensibilidade artística, o dom da abnegação, do altruismo, qualidades que se não prevalecerem, não será possível inventar um sentido para o advento do homem.
> **Aluízio Bezerra Coutinho.**

7 - A fantasia é irmã da invenção

Os antigos nos deixaram lendas, fábulas e contos de fadas dotados de poderes maravilhosos. A certa altura vieram as histórias em quadrinhos com os super-heróis. E a chamada ficção científica.

São todos variações de elementos afetivos que alimentam o setor de sonhos e de imaginação do nosso cérebro. Com isto o pensamento lógico deixa de ter um domínio total que nos poderia levar a ficar satisfeitos com o que temos.

8 - Da bissociação nascem as coisas.
A bissociação foi apresentada no capítulo 8. Em resumo: da reprodução unissexual nascem seres idênticos. De um casal de asiáticos nasce um indivíduo semelhante. Da miscigenação do negro, do índio e do europeu surgiram tipos novos e diferentes. Uma raça morena, forte, cordial, provida de improvisação e dotada de um jeitinho especial para tudo. O princípio da bissociação é ter um ou mais objetos e com eles obter outro. Vale tudo: analogia, adaptação, maior, menor, contrário, avesso, diferente.

9 - O grupo é mais fecundo.
Quando se misturam o especialista, o engenhoso e o ingênuo suas capacidades se ampliam e se multiplicam. Num grupo, mais facilmente do que um indivíduo, é possível equilibrar a audácia de um com a prudência do outro, a imaginação e a lógica, a tradição e a novidade, a técnica e o experimento.
A recomendação é para grupos de 5 até 12 pessoas com diversidade de cultura, de profissão e de experiência, assegurando um diálogo fecundo e produtivo, pois que é aberto para uma perspectiva multidimensional e interdisciplinar.
Seja-nos permitido, mais uma vez, sublinhar a importância de intuição, agora por uma pequena história. Contam que os americanos, na corrida para a exploração do espaço, analisaram o máximo de alternativas. Uma delas foi o estudo de um besouro de carapaça dura conhecido no Nordeste do Brasil como mangangá: preto, feio e venenoso. Fotografado no túnel de vento, analisado no computador, os cientistas provaram pelas leis da Aerodinâmica que suas asas eram frágeis demais para o peso do corpo: ele não podia voar.
O que os especialistas não sabiam é que o mangangá voa velozmente, manobra fácil e o veneno de sua picada provoca febre alta. E ainda se dá ao luxo de fazer um pouquinho de mel... porque não conhece Aerodinâmica!

Muito pouco valerá apenas ler as propostas deste livro e aceitá-las. O valor maior estará em aplicar as sugestões e as idéias. Dizia São Francisco: "O conhecimento que o homem possui é só aquele que aplica".

Espero que o leitor que conseguiu chegar até aqui não se sinta frustrado por não ter encontrado a fórmula para virar gênio. Por outro lado, não apresentei a Criatividade como teoria abstrata. Os métodos aqui propostos funcionam. E bem. Achei que o leitor não precisa conhecer a Teoria da Relatividade para apanhar seu transporte: é mais importante ver a silhueta do que os átomos do veículo.

A maneira de aplicar quanto propusemos vai certamente influir na qualidade das respostas. Conhecer os exercícios é bom, mas você só aprende a nadar se entrar na água. Naturalmente, uma orientação ajuda; poderíamos escrever sobre a Pedagogia da Criatividade. Isto dá pano para muita manga.

Ou outro livro; quem sabe?

> Há homens que lutam um dia e são bons. Há homens que lutam muitos dias e são melhores. Há os que lutam anos e são excelentes. Mas há os que lutam toda a vida. E estes são os imprescindíveis.
>
> Brecht

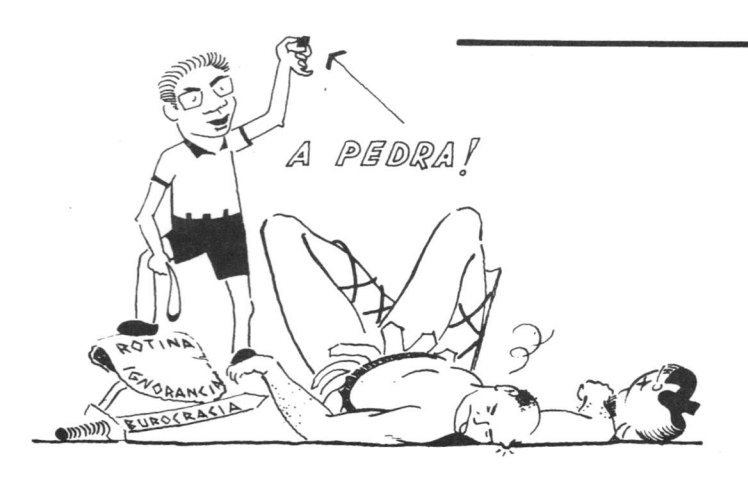

A PEDRA!

ROTINA
IGNORÂNCIA
BUROCRACIA

## Índice dos Nomes Citados

## Bibliografia e
## Leituras Recomendadas

Jacob BRONOWSKI - As origens do conhecimento e da imaginação - Brasília - Editora Universidade de Brasília - 1985

João Belline BURZA - Cérebro, neurônio, sinapse: Teoria do Sistema Funcional - São Paulo - Ícone Editora - 1986

Bruno ERNST - The magic mirror of M.C. Escher - Ed. Ballantine Books Ballantine Books - 1976

Ivens FONTOURA - De-Composição da Forma - Curitiba - Editora Itaipu - 1982

Jacques HADAMARD - Sur la psychologie de l'invention - Paris -Editora Gauthier-Villars - 1978

Edward T. HALL - Más allá de la cultura - Barcelona - Editora Gustavo Gili - 1987

Edward KASNER e James Newman - Matemática e Imaginação - Rio de Janeiro - Zahar Editores - 1968

George F. KNELLER - Arte e Ciência da Criatividade - São Paulo - Editora Ibrasa - 1978

Arthur KOESTLER - Jano: uma sinopse - São Paulo - Editora Melhoramentos - 1981

- The Act of Creation - New York - Editora Mac- Milan - 1964

João Marcos Almeida LOPES - Veja Lotufo

Vital Amaral LOTUFO e João Marcos Almeida Lopes - Geodésicas e Cia. - (Um livro agradável sobre poliedros, geodéscas e coberturas) - São Paulo - Editora Projeto - Sem data

Alexander LOWEN - Prazer: uma abordagem criativa da vida - São Paulo - Editora Círculo do Livro - Sem data

Viktor LOWENFELD - Desarollo de la capacidad creadora - 2 volumes - Buenos Aires - Editorial Kapelusz - 1961

Bruno MUNARI - Das coisas nascem coisas - Lisboa - Martins Fontes Editora - 1981

- Diseño y Comunicacion Visual - Barcelona - Editora Gustavo Gili - 1973

Rollo MAY - A coragem de criar - Rio de Janeiro - Editora Nova Fronteira - 1982

James NEWMAN - Veja Kasner

Alex OSBORN - O poder criador da mente - São Paulo - Editora Ibrasa - 1981

Maria Regina Ferraz PEREIRA - Veja Wilmer

Robert M. PIRSIG - Zen e a Arte de Manutenção de Motocicletas - Rio de Janeiro - Editora Paz e Terra - 1984

George POLYA - A Arte de Resolver Problemas - Rio de Janeiro - Editora Interciência - 1978

Ricardo SÁ - Edros (mostra o uso de malhas planas e poliedricas) São Paulo - Projeto Editores - 1982 (?)

Carl SAGAN - Os dragões do Eden - Rio de Janeiro - Francisco Alves Editora - 1983

Celso Braga WILMER e Maria Regina Ferraz Pereira - Geometria para Desenho Industrial (apresenta problemas que estimulam a criatividade) - Rio de Janeiro - Editora Interciência - 1987

# Epílogo e Agradecimentos

O interesse que despertou entre os participantes dos cursos de férias ministrados por mim no Recife, em 85/86, foi um dos motivos que levaram ao preparo deste livro. Mas a razão principal foi o rendimento excepcional dos trabalhos desses alunos, cobaias de um experimento que eu esperava positivo... mas não tanto!

Tenho fé em ver a Criatividade aplicada em *cursos regulares*, quer na Universidade, quer no 1? e 2? graus. Isto graças ao apoio de muitos exalunos e de colegas, a quem muito agradeço.

Agradeço, de modo particular, as sugestões e o ânimo que me deram os que leram os originais deste livro: as arquitetas Lúcia Pereira do Nascimento Silva e Emília Ferraz e o futuro arquiteto Cristiano M. Oliveira.

Finalmente, quero agradecer a permissão para usar neste livro alguns trabalhos de alunos que, mal saídos de um vestibular, mostraram seu potencial e sua capacidade de criar.

**GRÁFICA PAYM**
Tel. [11] 4392-3344
paym@graficapaym.com.br